机に向かってすぐに集中する技術

瞬間的に〝一点〟にすべての力を集めるコツ

集中力代表取締役
森 健次郎
Kenjiro Mori

フォレスト出版

講演、研修、セミナー参加者の声

毎朝、もう3カ月ほど、「集中カード」を使うようになりました。頭がスッキリして優先順位が明確になり、頭の切り替えも早くなりました。おかげさまで圧倒的な時間短縮になっています。

（経営者　40代　木下英朗さん）

長年、TOEICを受験していましたが、なかなか点数が伸びず悩んでいました。学習のときも、試験が始まる直前も「集中カード」を使って、集中力とリラックス状態を保つようにしました。テスト中も一点集中のメソッドを実施。ようやく念願の800点を越えました。

（会社員　40代　浜本恭子さん）

余計な力を抜き、いったんオフの状態をつくって気分をリセットし、一点集中法を行ないます。長時間のデスクワークでも業務がスムーズに処理できるようになり、日々の仕事に余裕が出てきました。

（会社員　30代　高坂昇さん）

小中学生を対象に集中力セミナーを開催しています。高校受験を控えていた子が、受講後、学校の科目テストの前に必ず「集中カード」を使用するようになりました。テスト前の1、2分使用しただけで、集中できるようになり点数が取れるようになりました。

（講師　50代　水谷薫子さん）

ボール積みをすることで集中力が高められるので、30分のレッスン内容が濃くなるのはもちろんのこと、指先の感覚を高められた状態でレッスンができます。生徒さんも、コンクール3年連続入賞の常連に成長しました。

（ピアノ講師　50代　松本美和さん）

小学2年生の書写の授業を受け持っています。「集中しやすい座り姿勢」を実践し、集中できる子が増え、文字もきれいになる子が多くなりました。市の硬筆コンクールで、3名が入選しました。

（小学校教頭　50代　松下浩一さん）

中小企業診断士試験に向けて日々勉強をしています。集中力と継続力に難があり不安でしたが、学習前に「集中カード」を使うことによって、勉強に集中して効果的に学ぶことができ、なおかつ継続して学習していく相乗効果が生まれました。

（会社役員　30代 小島恭平さん）

塾生の中学1年生K君は、百マス計算30秒の記録保持者。緊張をほぐすため、「マイナス×マイナス＝プラス法」「深呼吸法」を実施し、緊張することなく、記録を樹立します。また、中学3年生K君は、自分の集中力を管理できるようになりました。

（学習塾経営　50代　中尾篤朋さん）

講演、研修、セミナー参加者の声

仕事柄、入試問題を解くことが多いのですが、問題を解く前に必ず「集中カード」を使っています。その結果とても頭が冴えて文字も見やすくなるので、問題をよく理解でき短時間で解くことができます。

（学習塾経営　40代　滝上博己さん）

朝、出社して仕事に入る前とデスクワークで疲れてきたときに「深呼吸＋一点集中法」を使ってます。リフレッシュして気持ちの切り替えができることで、仕事の効率が上がり、残業ゼロになりました。

（会社員　30代　阿部洋太郎さん）

講師として研修が始まる直前や、大事な面談の前に「マイナス×マイナス＝プラス法」と「集中カード法」を実施し、以前ほど緊張することがなくなり、望む結果が得られることが非常に多くなりました。

（経営者、研修講師　40代　大南和宏さん）

集中力と発想力を要する仕事のひとつに、「研修やセミナーの企画資料作成」があります。これを行なう前に必ず、「深呼吸法」「マイナス×マイナス＝プラス法」「集中カード」を実施します。以前の約半分の時間で作業が完了するようになりました。

（コーチング＆講師業　40代　上前拓也さん）

はじめに　10年間のべ15万人が学んだ「集中の技術」

本書では、**「机に向かって〝すぐに強く集中する〟ための技術」**をご紹介します。

「仕事」「勉強」の質と結果は、いいスタートダッシュを切れるかどうかで、大きく変わってしまうからです。

一度、集中してしまえば、その後はうまく回り出すということを、あなたも経験的に実感しているのではないでしょうか。

私は、10年間のべ15万人の人々に、「どうすれば集中力を高められるのか？」ということを専門に指導してきました。

小・中・高生はもちろん、資格試験の受験生、ビジネスパーソン、経営者、アスリート、芸術家まで幅広く指導させていただいています。

今回、研究、実践、指導してきた経験を、はじめて1冊にまとめてお伝えします。

また、私はミズノ株式会社の社員時代に多くの一流アスリートと接しながら、シドニーオリンピックで注目された「サメ肌水着」を開発しました。

その過程で、一流アスリートの「すぐに集中する技術」も知ることができました。

その方法も合わせてご紹介していきます。

★ 心の強さより、集中力を〝自由自在〟に引き出すワザを持とう

「めんどくさい……」「気が散る……」「なかなか調子が出ない……」といった理由で、人は机に向かっても〝本来自分が持っている集中力〟を発揮できません。

これらの集中を妨《さまた》げることを克服するために、多くの人が、「やる気」や「モチベーション」を高めることが大事だと考えています。

しかし、それはうまい方法ではありません。心を鍛えるには、ストイックさを必要としますし、時間がかかるからです。

集中のコツは、**心の強さに頼るのではなく、「集中力を引き出すワザ」を知り、使いこなすこと**です。

本書では、集中力を〝自由自在〟に引き出すワザをご紹介します。

私のノウハウは、小学生でもできるものばかりです。それは、誰もが実践できなければ意味がないと考えているからです。

あなたは、子供の頃、遊びに没頭したことがあるでしょう。その事実を考えると、高い集中力を〝すでにあなたは自分の中に持っている〟ということを忘れないでくだ

さい。
それを引き出すコツさえ知れば、すぐに集中状態をつくることは可能なのです。

★

「見るだけで集中力が高まるカード」付き

本書は、**「〝一時に〟〝一点に〟全エネルギーを集める力」**が身につけられるようになっています。

第1章では、**「なぜ、人はなかなか集中できないのか？」**ということについて解説しました。「集中力の発揮を邪魔する原因」を知ることで、集中状態をつくるコツがわかるからです。

第2章では、**「集中力を高めるためのリラックス法」**について述べました。集中力を引き出すためには、リラックス状態をつくることが欠かせません。リラックスすることで、集中力が高まりやすくなるからです。

第3章では、**「机に向かってすぐに集中する技術」**についてご紹介しました。本書のノウハウの肝の部分になりますので、しっかり読んで理解してください。高い集中状態をつくり、仕事や勉強のスタートダッシュを切ることができるようになります。

第4章では、**「集中を持続させる秘訣」**について解説しました。日常生活でできる簡単な習慣で、あなたの集中力の底上げを行なうことができます。

また、私が独自に開発した**「見るだけで集中力が高まるカード」**も付録として付けました。使い方は第3章に書いてありますので、ぜひ実践してみてください。

「集中の技術」とは、「ゾーンに入るための技術」です。

よくスポーツの世界では、極限の集中状態を「ゾーンに入る」と表現します。たとえば、ゾーンに入ると、野球選手の場合、「バッターボックスでボールが止まって見える」といった現象が起こります。

これは、仕事や勉強でも実現できます。集中力を極限まで高めることによって、思考と行動の質が飛躍的に高まるのです。

本書の「ゾーンに入る」ためのルーティンを使い、仕事や勉強で欲しい結果を得ていただければ、著者としてこんなにうれしいことはありません。

自分に合ったルーティンをひとつでも行なっていただければ、高い集中力を発揮している自分を実感することができます。

森健次朗

机に向かってすぐに集中する技術　もくじ

Contents

第2章

集中力を〝自由自在〟に引き出すための「超リラックス状態」のつくり方

「緊張」「疲れ」を消し、「雑念」にとらわれないための〝頭のコンディション〟を整える5つの技術

Contents

第3章 机に向かってすぐに集中する技術

「仕事」「勉強」の質を劇的に高める9つのスタートダッシュ法

Contents

第4章

10年間の指導結果からわかった「集中時間」を引き延ばすコツ

日々の〝ちょっとした習慣〟で集中力は底上げされる!

プロデュース　森下裕士
編集協力　大平淳
図版作成　白石知美（株式会社システムタンク）
ＤＴＰ　佐藤千恵（株式会社ラクシュミー）
素材提供：13ree.design, Peter Hermes Furian/Shutterstock.com

第1章

なぜ、人は「すぐに集中」できないのか？

「めんどくさい」「気が散る」「やる気が出ない」……
〝集中を邪魔する原因〟を知ることが
「ゾーンに入る」コツ

なぜ、〝生まれながらに持っている集中力〟を発揮できなくなったのか？

集中力とは、心の強さである。集中できないのは、心が弱いからである。多くの人がこう考えています。

しかし、心が弱いと、人は集中できないのでしょうか。心を強くさえすれば、机に向かってすぐに、仕事や勉強に集中できるようになるのでしょうか。

たとえば、あなたの子供時代のことを思い出してみてください。

親から「やめなさい！」と言われても、ひたすらゲームをやり続けた……。

野球やサッカーの練習、ピアノのレッスンなど、自分の好きなことに関しては、時間を忘れて没頭していた……。

親から「夕方5時までには、必ず家に帰って来なさい」と言われたけれど、門限を破り、夢中になって外で遊んでいた……。

こうした「何かに夢中になった経験」が、誰にでもあると思います。

このとき、あなたは「集中力とは、心の強さである」とは考えていなかったはずです。子供時代に、何かに夢中になれたのは、心が強かったからだなどと考える人はいないでしょう。

子供時代に何かに夢中になれたということは、**あなたには集中力があるということ**です。

つまり、集中力は本来、**生まれながらに誰もが持っているもの**であり、心の「強さ」「弱さ」とは、あまり関係がないのです。

にもかかわらず、世の中の多くの人が「集中力とは、心の強さである」と誤解しています。

何かに集中できず、気が散ってしまうと、「自分はなんて意志が弱いんだ……」と、自分の心の弱さを嘆《なげ》きます。

中には、「自分はなんてダメな人間なんだろう……」と、自己嫌悪に陥《おちい》ってしまう人までいます。

しかし、先ほどもお話ししたように、心の「強さ」「弱さ」は、集中力とはあまり関係がありません。

集中力は本来、誰もが持っているものであり、その**「引き出し方」さえ知っていれば、誰もが机に向かってすぐに、強い集中状態をつくり出すことができる**のです。

集中力に関する誤解を解き、集中力を高めるノウハウをご紹介するのが本書です。

よく考えてみると、「集中しなさい！」と言われることはあっても、「どうすれば集中できるか」という具体的な方法論を教えてもらったことがある人は、ほとんどいません。

「集中力について、親から教わった」という人は、おそらくほとんどいないはずですし、学校の先生、職場の上司なども「集中の仕方」は教えてくれません。

「集中の仕方」を誰も教えてくれないわけですから、あなたが集中できないのは、むしろ当然のことです。

ですから、何かに集中できないからといって、「私はダメな人間だ……」などと落ち込む必要はありません。

では、どうすれば、あなたが本来持っている集中力を瞬時に引き出し、さらに集中力を高めることができるのでしょうか。

自分の好きなことや遊びで発揮できた集中力を、仕事や勉強に生かすためには、いったいどうすればいいのでしょうか。

本書では、それを具体的に示していきたいと思います。

10年間のべ15万人に指導した〝すぐに集中〟するコツ

私は大学院を出た後、スポーツ用品メーカーのミズノ株式会社で15年間働いていました。

主な業務は、水泳や陸上などの競技ウエアの研究開発です。

中でも、私が開発を担当した商品「サメ肌水着」は、２０００年のシドニーオリンピックで12個の世界新記録を出し、注目を浴びました。

そうした職業柄、私は数多くの一流アスリートと接する機会があったのですが、その中で気づいたのは、やはり一流になればなるほど、すぐに集中する力が高いということです。

一流のアスリートたちは、いったいどのように競技に集中しているのか。

私の集中力に関するノウハウは、彼らから学んだ要素もふんだんに取り入れています。

ミズノを退社後、私は「集中力」をテーマにした講演や研修、セミナーを行なってきました。

今では、1年間で受講してくれる人の数は約1万5000人。

この仕事を10年間続けてきましたから、今までにのべ15万人以上の人々に「どうすれば集中力が身につくのか」について、指導してきたことになります。

これからお伝えするのは、その中で試行錯誤《さくご》しながら生み出してきた「集中のためのノウハウ」です。

本書においては、その中でも効果の高いものだけを厳選しました。のべ15万人の指導の中で、その効果は実証済みです。ぜひ、実践してみてください。

集中の技術を身につけると、**目の前の課題に集中できるようになるだけでなく、「もっとやりたい」という、さらなるモチベーションもわいてくる**ようになります。

いわば、「プラスのスパイラル」に入るような感覚で、目の前の課題に、さらに集中することが可能になるのです。

「ゾーンに入る技術」を知ろう！

ですから、「集中の技術」とは、「自分をプラスのスパイラルに入れるための技術」「ゾーンに入るための技術」と言い換えることもできます。

よくスポーツの世界では、極限の集中状態を「ゾーンに入る」と表現しますが、ゾーンに入ると、野球選手の場合、「バッターボックスでボールが止まって見える」といった現象が起こります。

集中力を極限まで高めることによって、**自分の実力以上の力を発揮することが可能**になるのです。

このように、集中力をいかんなく発揮できるようになると、スポーツだけでなく、仕事や勉強などでも、驚くような成果が出せるようになります。

本書のノウハウを通じて、ひとりでも多くの人が集中力を発揮し、よりよい人生を歩んでいただけるよう、切に願っています。

夏休みの宿題からわかる〝頭〟と〝行動〟のアンバランスさ

「なかなか集中できない……」

仕事や勉強を始めても、なかなか調子が出ないのが人間です。

ここで、子供時代のことを少し思い出してみてください。宿題をやらなければならないのに、それを放ったらかして遊んでいて、「勉強しなさい！」と、親に怒られた経験が誰にでもあると思います。

でも、「宿題に集中しなければならない」と頭でわかっていても、なかなかそれを実行することはできません。

たとえば、夏休みの宿題。夏休みに入ると、最初は「計画的に宿題をやろう」と決意し、スケジュールを立てたりしますが、なかなかその通りにはいきません。

机に向かっても宿題に集中できず、「夏休みは1カ月あるから、今はまだやらなくてもいいや」などという考えが起こり、どんどん宿題を先延ばしにしてしまいます。

そうこうしているうちに、夏休みも終盤へ。

「ヤバい！　このままだと宿題が終わらない」とばかりに、夏休みの残り1週間で必死になって宿題を片づける……。場合によっては、親に手伝ってもらいながら、泣く泣く宿題を終わらせる……。これが、多くの人の典型的なパターンだったのではないでしょうか。

そのとき、誰もがこう思ったはずです。

「1週間で終わる宿題ならば、もっと早く集中してやっておけばよかった……」

頭ではわかっているけれども、「机に向かっても、なかなか宿題に集中できない」のが人間なのです。

こうして「仕事」や「勉強」のスタートでつまずく

同じように、仕事の例で考えてみましょう。

たとえば、あなたが、今すぐ営業日報を書かなければならないとします。でも、机に向かったあなたは、なかなか営業日報を書くことに集中できません。

急に休息したくなって、休憩室でコーヒーを飲んでいるうちに、同僚と雑談になり、気づいたら30分以上経っていた……。

こうして、集中してやれば20分程度で終わる営業日報が、ダラダラと1～2時間かかってしまう……。

似たようなことは、多くの人が経験しているはずです。

なぜ、人は目の前の仕事に集中できないのでしょうか。

「今すぐやらなければならない」と頭でわかっていても、一服入れたくなるのは、いったいどうしてなのでしょうか。

それは**「めんどくさい」「やりたくない」という気持ちが、仕事に集中することを邪魔する**からです。

仕事中、ついついコーヒーを飲みたくなってしまうときの心境をイメージしてみてください。

このとき、あなたは心の底から「どうしてもコーヒーが飲みたい」と思っているわけではないでしょう。

おそらく「目の前の仕事をするのがめんどくさい」「目の前の仕事から逃げたい」から、コーヒーに手が伸びてしまうのです。

つまり、仕事に集中するためには、「めんどくさい」「やりたくない」という気持ちを、あなたの心の中から閉め出す必要があるのです。

では、どうすれば、「目の前の課題から逃げたい」という気持ちに打ち克《か》つことができるのでしょうか?

机に向かってすぐに、目の前の仕事や勉強に集中するためには、いったいどうすればいいのでしょうか。

ストイックさに頼らずに「めんどくさい」をなくす

こういったときに、ほとんどの人は「心を強くすればいい」と考えます。

「目の前の課題から逃げたいと思うのは、心が弱いからだ。心を強くすれば、そういった欲求に惑わされず、目の前の仕事や勉強に集中できるはずだ」

このように考えるのです。

たしかに、「集中力と心の強さは、無関係である」とまでは言いません。強靭《きょうじん》な心、強い意志を持っていれば、「休みたい」「さぼりたい」という誘惑に負けることなく、目の前の仕事や勉強に集中できるかもしれません。

しかし、心の鍛錬《たんれん》というのは、そんなに簡単にできるものではありません。ましてや、一朝一夕《いっちょういっせき》でなんとかなるものではありません。

また、日々ストイックに生きられる人は多くないのです。

しかも、心の鍛錬というのは、「どれだけ強くなったのか」が目には見えないため、非常に成果がわかりにくいという問題もあります。

心を鍛錬することで集中力を高めようとすれば、いつか挫折《ざせつ》してしまうのがオチなのです。

では、心を鍛える以外の方法で、「めんどくさい」「遊びたい」「休みたい」「さぼりたい」という気持ちを排除するためには、いったいどうすればいいのでしょうか。

「やっぱり心を鍛えるしかない。心が弱くても、遊びたいという誘惑に打ち克つ、都合のいい方法なんてないよ」

このように思われるかもしれませんが、まさにそれを可能にするのが、本書でお伝えする「集中の技術」なのです。

「技術」と言うと、小難しく聞こえるかもしれませんが、簡単な「コツ」のようなものです。

コツさえつかめば、心の「強い」「弱い」とは関係なく、誰でも簡単に目の前の仕事や勉強に集中できるようになります。

集中する技術があると、「めんどくさいな……」「やりたくないな……」という気持ちをシャットアウトできるのです。その理由を、私の経験からご説明しましょう。

すぐに集中できる人は〝コレ〟を後回しにする

私はスポーツ用品メーカーのミズノを退社後、集中力に関するセミナーや講演を行なってきました。

実は、それと並行して行なっていたことに、学習塾の経営があります。

私は学習塾で、今までにたくさんの子供の指導をしてきましたが、その中でひとつ気づいたことがありました。

それは、成績のいい子はみな共通して、「今、その課題をやりたいか、やりたくないか」という自分の気持ちとは無関係に、「まずは課題をやる」という行動をしてしまうということです。

どういうことか、わかりやすく説明します。

勉強ができる子というのは、たいてい**自分のモチベーションを後回し**にします。

「課題をやる」という行動をした後に、「あれもやりたい」「これもやりたい」「もっとやりたい」というモチベーションがわいてくる。

つまり、成績のいい子は、「やりたい」「やりたくない」という感情を抜きにして、まずは「課題をやる」という行動に集中することができるのです。

ビジネスパーソンでもアスリートでも、結果を出す人は「モチベーションを後回しにする」ということは共通しています。

一方、なかなか成績が上がらない子とは、「やりたい」「やりたくない」という自分の感情に左右され、目の前の課題に集中することができません。

「やりたい」「やりたくない」というモチベーションの問題がどうしても先に立ってしまい、なかなか目の前の課題に集中できないのです。

では、勉強に集中できる子は心が強くて、勉強に集中できない子は心が弱いのかといえば、決してそんなことはありません。

勉強ができるからといって、心が強いとは限らないし、逆に勉強ができないからといって、心が弱いとは限りません。

しかし、現実として、勉強に集中できる子と集中できない子が存在します。

勉強に集中できる子がどんどん成績を上げていく一方、勉強に集中できない子は、放っておけば、どんどん落ちこぼれていってしまいます。

集中するための「モチベーション」は必要ない！

この両者の差は、いったいどこから生まれるのでしょうか。

勉強に集中できる子を見ていて、私が感じたことは、彼らが「集中するためのコツ」を知っているということでした。

勉強に集中できる子は、誰から教えてもらうわけでもなく、一流ビジネスパーソンやアスリートに共通するような「集中するためのコツ」をつかんでいるのです。

「集中するためのコツ」をつかんでいると、「やりたい」「やりたくない」という自分の感情に左右されることがなくなります。

目の前の課題にギュッと焦点を合わせることで、そのことだけに集中できるようになるので、「やりたい」「やりたくない」「めんどくさい」「遊びたい」「休みたい」「さぼりたい」という感情を、すべてシャットアウトすることが可能になるのです。

さらにいいのは、目の前の課題に集中できるようになると、「あれもやりたい」「これもやりたい」「もっとやりたい」というモチベーションがわいてくるという点です。

先ほどもご説明した通り、勉強ができない子というのは、往々にして自分のモチベーションを優先させがちなのですが、勉強ができる子は、目の前の課題に集中することで、やる気がわいてきます。

そして、さらに勉強をするようになり、勉強ができない子との差がどんどん開いていくのです。

勉強ができない子は、**「感情」**→**「勉強」**で動きます。

一方、勉強ができる子は、**「勉強」**→**「感情」**の流れで動いています。

つまり、順序が全く逆なのです。

たとえば、大リーグで活躍しているイチロー選手は、高校時代に「1日10本でいいから、毎日素振りをしなさい」と言われたそうです。

そこで、まずは10本の素振りをすることに集中する。

でも、当然10本では物足りませんから、「もっとやりたい」となる。こうして1日10本の素振りが100本、200本……と増えていくことになります。

体が疲れているときには、当然、「今日はやりたくないな……」という日もあったことでしょう。

でも、そうした感情に左右されることなく、まずは目の前の10本の素振りに集中する。その積み重ねが、現在のイチロー選手をつくったのです。

このように「めんどくさいな……」「やりたくないな……」という気持ちに左右されることなく、まずは目の前の課題にギュッと焦点を合わせることが大切です。

それを可能にするのが、第2章以降で具体的にご紹介していくノウハウなのです。

自分をいじめて〝負のスパイラル〟にハマるのはやめよう

世の中に出回っている自己啓発書を読んだり、セミナーに参加したりすると、必ずといっていいほど、語られることがあります。

それは、「目標設定をしなさい」ということです。目標を設定してこそ、物事に集中できると言われています。

簡単に要約をすると、次のように言われることが多いようです。

「目標設定をしないということは、目的地を決めずに、飛行機を飛ばすようなものだ。それだと、どこに飛んで行くかわからない。

でも、きちんと目標を頭にインプットすれば、目的地に向かって飛んで行くようになる。集中して物事に向かうことができる。だからこそ、目標設定は重要だ」

Concentration !

しかし、一方で**「目標設定をしたけれど、うまくいかなかった……」という人が大多数であるのが現実**です。

目標設定が大事だと言われ、その通りにやってみた。でも、全然うまくいかなかった……。こうしたことが頻繁《ひんぱん》に起こるのです。

目標設定が重要だと言われるのは、目的地、つまり、あなたの夢に向かってまっ直ぐ飛んで行くための「ナビゲーター」としての役割があるからですが、その他にも、重要な役割があります。

それは目標に向かって行くための「モチベーションを高める」という役割です。

たとえば、「歌手になりたい」という目標を設定した人がいるとします。このとき、「将来、歌手になった自分」を具体的にイメージできれば、今やるべき目の前の課題に対して、モチベーションを高めることができます。

そうすることで、「毎日の歌のトレーニングはめんどくさいけれど、これは将来のために必要なんだ!」と自分を鼓舞《こぶ》し、目の前の課題に集中することが可能になるのです。

しかし、こうしたモチベーションというのは、たいていの場合、あまり長続きしません。

いつしか「歌手になりたい」という目標よりも、「日々のトレーニングがめんどくさい」という思いが勝るようになります。そして、結果として、歌手になる夢をあきらめることになってしまうのです。

こうした「負のスパイラル」に陥ってしまうことは、誰にでもあるのです。

目標設定が集中を妨げてしまう⁉

先ほどお話しした通り、一流のビジネスパーソンやアスリート、勉強ができる子というのはたいてい、自分の気持ちを後回しにすることができます。

「やりたい」「やりたくない」という気持ちはさておき、目の前の課題に集中することができる。

そのあとで、「もっとやりたい」というモチベーションがわいてくるのです。

もちろん、中には「将来、〇〇になりたい」というモチベーションで、物事を頑張る人や子供もいます。

しかし、私の印象では、そうしたケースで目標を達成していく人はかなり少ないと感じています。

まずは目の前の課題に集中することで、「もっとやりたい」というモチベーションがわいてくる。

「もっとやりたい」というモチベーションで、実際に仕事や勉強の成績が上がると、その先に「〇〇になりたい」という具体的な目標が見えてくる。

このイメージを持つべきです。

あなたが目標設定をしても、うまくいかない理由。それは**目標設定をすることによる「モチベーション」に頼って、目の前の課題に集中しようとするから**です。

しかし、そのモチベーションを維持するのは、非常に困難です。結果、目標設定をしても、うまくいかなくなってしまうのです。

「リンク」と「ギャップ」は、やる気を失う原因になる

目標設定によるモチベーションが、長続きしない理由は2つあります。

ひとつは、**「将来の目標」と「日々の作業」をリンクさせるのが難しい**こと。

もうひとつは、**「理想の自分」と「現実の自分」のギャップが大きすぎて、やる気を失ってしまう**ことです。

わかりづらいと思いますので、具体例で説明しましょう。

あなたが「将来は社長になる」という目標を持っていたとします。

そのためには、日々のルーティンの作業を着実にこなしていかなければなりません。

日々のルーティンは、「営業日報を書く」という作業だったとします。

このとき、あなたは「この営業日報は、将来、社長になるために必要なんだ」という形で、「将来の目標」を「日々の作業」に結びつけることができるでしょうか。

「この営業日報を5000枚書いたら、自分は社長になれる」という形で、「日々の

作業」を「将来の目標」にリンクさせることができる人は、いいでしょう。

しかし、そうしたことができる人は、おそらくほとんどいません。

このように、「将来の目標」と「日々の作業」のギャップが大きすぎて、リンクさせにくい点が、目標設定によるモチベーションが長続きしない要因なのです。そして、集中力を下げてしまいます。


さらに、モチベーションが長続きしないもうひとつの理由として、「理想の自分」と「現実の自分」のギャップが大きすぎて、やる気を失ってしまうということもあります。


「営業成績を1年後に2倍にする」という目標を立てたとしましょう。

目標設定で「よし、やるぞ！」とモチベーションを上げて、訪問件数を今までの2倍にしてみたものの、なかなか契約を取ることができない……。

これが、典型的なパターンではないでしょうか。

「営業成績を2倍にする目標を立てたけど、今の俺はなんてダメなんだ……」

そういった形で、「1年後に営業成績を2倍にしている自分」と「今の自分」のギャップに苦しみ、やがてやる気を失ってしまうのです。結果として、集中力が下がります。

「順番」を変えれば集中力は高まる

誤解のないように言っておきますが、私は必ずしも「目標設定をしないほうがいい」と言っているわけではありません。

目標設定をして、それでうまくいく人は、どんどん目標設定をすればいいと思います。また、会社などの組織全体のゴールを達成するためには、目標設定が不可欠でもあります。ストイックな人はこれでもいいでしょう。

しかし、「目標設定をしたけれど、集中できない……」という人のほうが、むしろ多いのです。私は、もともとストイックではない人のために、集中力を高める方法を研究してきました。

自己啓発書などを読むと、判で押したように「目標設定をしなさい」「期限設定をしなさい」と書いてありますが、世の中には様々なタイプの人間がいます。
目標設定や期限設定をしてうまくいくというストイックな人は、それでかまいませんが、目標設定でうまくいかない多くの人は、別の方法を考えなければなりません。

実は、かくいう私も、現在は明確な目標設定をほとんどしません。未来の目標に集中しすぎると、目の前

「森さんは目標設定をしないほうがいいよ。未来の目標に集中しすぎると、目の前にもっと大きなチャンスがきても見逃してしまうから」

私のメンターから、そのように言われたことも大きいのですが、私が目標設定をしない一番の理由は、目標設定をすることによる弊害《へいがい》を、私自身がよく知っているからです。

私自身、目標設定によるモチベーションを長続きさせるのが苦手なタイプの人間なのです。

目標設定をしてもうまくいかないという人は、何度も言いますが、まず目の前の課題に集中すること。

モチベーションを優先させるのではなく、集中の技術を使って、まずは行動に移してしまうことが大切なのです。

もし、目標設定で挫折した経験があるという人は、ぜひ、本書のノウハウで、まずは目の前の課題に集中することから始めてみてください。

「感情」→「行動」ではなく、「行動」→「感情」に流れを変えてしまえば、集中力が高まり、すべてがうまく回り始めるはずです。

集中力とは、いったいなんなのか？

さて、話を元に戻しますが、あなたが集中できない最大の要因。

それは「めんどくさいな……」「やりたくないな……」という気持ちです。

目の前のことに集中するためには、「めんどくさい」「やりたくない」という気持ちを排除しなければなりません。

そのために必要なのが、「集中の技術」であるということは、これまでにお話ししてきた通りです。

集中するための「具体的なテクニック」に関しては、第2章からご紹介しますが、あなたの集中を妨げる大きな要因が、実はもうひとつあります。

それは、**「多くの人が〝集中力〟の定義を、非常に曖昧《あいまい》にしている」**ということです。

「仕事に集中しなさい！」「勉強に集中しなさい！」

こう言われたことのある人は多いと思います。

でも、具体的に「どうすれば集中できるのか？」その方法を誰かから教えてもらったという人は、ほとんどいません。

「どうすれば、宿題に集中できるの？」

もし、子供にこう聞かれたら、あなたはどのように答えますか。

おそらく、答えられる人は少ないのではないでしょうか。

「集中しなさい！」と言われても、「具体的に、どのように集中すればいいのか？」がわからなければ、人は集中できません。

「どうすれば、宿題に集中できるの？」と聞かれても、具体的に答えられないのは、

「集中力」という言葉の定義が、非常に曖昧だからです。

質問を変えて、「集中力って何？」と聞かれたら、あなたは答えることができますか。

おそらく、この質問にもほとんどの人が答えられないはずです。

よく考えてみると、「集中力」という言葉は、使われる頻度《ひんど》が多いにもかかわらず、その定義が非常に曖昧です。

「集中力とは何か」がわからなければ、集中のしようがありません。

そこで、「集中力」の定義を明らかにしましょう。

「一時に一点に全パワーを集める」ために

「集中力を一言で表しなさい」と言われたら、私の場合、以下のように答えます。

集中力とは、

「一時に、一点だけに全パワーを集める技術」

である。

小学生のときに、虫メガネで紙を焼く実験をしたことがありませんか？　普段、空中をさまよっている太陽光線は、ポカポカと暖かいものにしかすぎません。

しかし、虫メガネを使って、それを一点に集中させると、紙を燃やすほどの威力を発揮します。

普段は散らばっている太陽光を一点に集めることで、とてつもない力を発揮することが可能になるのです。

このように、**「集中」とは、「あなたの力を一点に集める」**こと。
そして**「集中力」とは、「あなたの力を一点に集める技術」**になります。

ちなみに、スポーツの世界では、「筋動員力」の大切さがよく語られます。

２００４年のアテネオリンピックで金メダル、２０１２年のロンドンオリンピックで銅メダルを獲得した男子ハンマー投げの室伏広治選手は、ハンマー投げの選手として、決して恵まれた体格とは言えません。

なぜ、その彼が世界のトップレベルの選手と対等に戦い、オリンピックでメダルを獲得できたのか。それは、彼の「筋動員力」が非常に優れているからです。

「筋動員力」とは、「体の中にある莫大《ばくだい》な数の細胞の力を一点に集める技術」のことです。

見た目がヒョロヒョロしているのに力が強い人と、筋肉隆々なのに見た目ほど力のない人がいます。その最大の要因が、「筋動員力」です。

仮に筋肉の量で劣っていても、力を一点に集める技術、つまり「筋動員力」で勝っていれば、体格が優れている相手に勝つことも可能なのです。

スポーツの世界では、一流の選手になればなるほど、マッサージ中に「5ミリ左横をマッサージしてください」と指示できるぐらい、細かく自分の筋肉を意識できると言います。

一流になればなるほど、体の隅々の筋肉を意識し、自由にコントロールできるものなのです。
体格の劣る室伏選手が世界で勝てるのは、体の隅々の筋肉を意識し、その筋肉のすべての力をハンマーに集中させる技術があるからです。だからこそ、室伏選手は誰よりも遠くにハンマー投げに集中させる技術があるからです。

そう考えれば、あなたがストイックな人間でなかったとしても、あきらめる必要はありません。

「あなたの力を一点に集める技術」を知りさえすれば、すぐに高い集中状態をつくり、仕事や勉強に向かうことが可能になるからです。

もしも、あなたが弱小野球部の監督だったら

あなたが弱い野球チームの監督だったとしましょう。どのようにすれば、チームを強くできるでしょうか。

このときに、選択肢は2つあります。

ひとつは、エースや4番打者を、他のチームから引っ張ってくること。チームの軸になる中心選手を補充できれば、比較的簡単にチームを強化できることでしょう。

しかし、この手の補強は、往々にして、莫大な資金が必要になります。入団の交渉に時間や労力も取られます。

もうひとつは、「今いるメンバーで、どう勝つか」を考えることです。練習を工夫したり、適材適所に人材を配置することで、勝てるチームを目指す方法です。これは、資金力も交渉も必要ありません。

3年前、私に依頼がきて、徳島のある中学野球部の指導をしたことがあります。万年1、2回戦負けのチームだったのですが、「どうしても勝ちたい」とのことでしたので、集中の方法について選手たちに具体的に指導をさせていただきました。

たとえば、キャッチボールひとつを取っても、ただ漠然とやっていたのでは意味がありません。

「どうすれば、相手のグラブの一点にピントを合わせることができるのか」「狙ったところにボールを投げられるようにコントロールできるのか」を教え、それを練習の中で一つひとつ実践してもらいました。

結果、このチームは半年後に県大会で優勝し、四国大会に駒を進めるまでに成長しました。

「特別な補強をしなくても、チーム力の強化は可能である」ということを、証明してくれたのです。

先ほど、室伏選手の例でもお話ししましたが、勝つために大切なのは、「今持っている力を、どれだけ一点に集めることができるか」です。

たしかに、「筋肉の量を増やす」「エースや4番を補強する」ことは、勝つための手段としては、有効だと言えるでしょう。

しかし、そんなことをしなくても、今持っている力をうまく引き出すことができれば、勝つことができます。

経営者であれば、社員一人ひとりの強みをうまく引き出すことができれば、会社はもっと成長するということです。

そして、その力を最大限に引き出すのが、他でもない「集中の技術」なのです。

集中できる人とできない人の差は、**「集中するためのコツを知っているか、知らないか」**だけの差でしかありません。

集中するための方法を知り、そのコツさえつかめば、誰でも簡単に集中できるようになるのです。

子供でも集中できれば、大人は確実に集中できるはずだ！

先にも少し述べましたが、ここで私の経歴について、簡単にお話ししておきたいと思います。「興味がない」という人は読み飛ばしていただいてかまいませんが、読んでいただければ、**私の「集中力のノウハウ」について、より深くご理解いただける**と思います。

子供の頃から体を動かすことが大好きだった私は、いろいろなスポーツを体験してきました。

特に真剣に取り組んだのは中学から始めた野球で、常にピッチャーのポジションを務めてきました。そのことから、「将来はスポーツに関わる仕事がしたい」と思っていました。

大学院では、材料工学研究室に所属していましたが、その後、念願が叶《かな》って、スポーツメーカーのミズノ株式会社に入社。

主な業務として、水泳や陸上の「競技ウエア」の研究開発を担当することになりました。

水泳や陸上は、オリンピック競技の中でも、特に日本人が注目する種目ですから、そのプレッシャーは半端なものではありません。

その中で、私が開発を担当した商品「サメ肌水着」が、２０００年のシドニーオリンピックで12個の世界新記録を樹立し、一躍、世間の注目を浴びました。テレビや新聞など、マスコミの取材が殺到しました。

自分の開発した商品がアスリートのみなさんの役に立ち、しかも世間から多大な評価を受け、「こんなに幸せなことはない」と実感しました。

一方、その裏で、私は苦しんでもいました。

というのも、オリンピックは、4年に一度行なわれます。4年に一度行なわれるということは、つまり、また4年後には「サメ肌水着」のような日本中から注目を浴びるヒット商品を、新しい理論で世の中に発表しなければならないからです。

私はそのプレッシャーに負けないように、さらに懸命に仕事に打ち込むようになりました。

そんな日々の中、私にとって大きな出来事が起こります。

妻が小学生だった2人の娘を残し、帰らぬ人となってしまったのです。

当時、ミズノでの仕事は出張が多かったため、「娘を育てながら、サラリーマン生活を続けるのは難しい」と判断し、ミズノを退社して、2人の娘をシングルファザーとして育てる決断をしました。

その結果、昼間にカイロプラクティックを開業しながら、夜間に「元気塾」という学習塾を開業したのです。

〝座っていられない子供〟を集中させるのがキッカケだった

カイロプラクティックの役割は、体のケアです。

これに対し、学習塾の役割は、頭のケア、つまり勉強のサポートです。

「体も頭も、とにかく元気にしたい！」

その想いから、学習塾には「元気塾」と名づけたのですが、いざ生徒を募集してみると、集まったのは「元気」とはほど遠い子供たちでした。

「不登校」「成績が悪い」「そもそもやる気がない」といった子供たちが多く、テストをやらせても、１００点満点中10点しか取れないというような子もめずらしくありませんでした。

目の前の課題に集中させようとしても、机にじっと座っていることすらままなりません。

はっきり言って、「勉強以前の問題」を抱えた子供たちばかりが集まってしまったのです。

「なんで、集中できないのだろうか？」

「この子たちを目の前の課題に集中させるためには、いったいどうしたらいいのだろうか？」

ミズノ時代、常に一流のアスリートと接していた私は、彼らから「集中のコツ」を、なんとなくつかんだつもりでいました。

しかし、いざ子供たちに教えようとすると、それをなかなかうまく伝えることができない自分に気づいたのです。

「どうにかして子供たちに集中力を身につけさせる方法はないか？」

そのように思い、今では私のメンターのひとりである研修会社の先生が主催されていた「スポーツメンタルトレーニング」に関するセミナーに私は参加することにしました。

そして、このセミナーに参加したことが、私の転機になります。

頭がいい人ほど集中できない理由

参加したセミナーで、集中力のトレーニングとして出された課題は、「テニスボールを2個積む」という単純なものでした。

テニスボールの上に、もうひとつ、テニスボールを乗せる。ただそれだけのトレーニングです。

のちほど詳しく説明しますが、これは現在、私の講演、研修、セミナーなどでも実施している、非常に重要なトレーニングになります。

にもかかわらず､頭のいい人ほど､拒否反応を示しがちなトレーニングでもあります。

「テニスボールは球体なんだから、2個積むなんて無理」

そう言って、頭のいい人ほど、なかなか真剣に取り組まないのです。実は、かくいう私も、そのように考えていたひとりでした。

「こんなことをやって、なんの意味があるの？」

そのように考えていたからかもしれませんが、30人ほどの参加者で、最後までボールを積むことができなかったのは、私ひとりだけでした。

「なんで、こんな簡単なことができないんだろう？」

それから私は集中力に関して、徹底的に研究を始めました。

そして、現在では年間1万5000人ほどの人々に、集中力に関する講演、研修、セミナーを行なうに至っています。

集中の秘訣は「引き出すコツ」にある！

大事なことなので、くり返しますが、「集中力」＝「心の強さ」ではありません。

集中力とは、本来誰もが持っているものであり、その「引き出し方」さえ知っていれば、誰でも簡単に集中することができます。

集中力を発揮するために必要なのは、「心のトレーニング」ではなく、**「引き出すコ**

ツ」をつかむことです。

コツさえつかめば、仕事や勉強、スポーツなどで、周囲も驚くほどの短期間で、圧倒的な結果を出すことが可能なのです。

あなたが本来持っている「集中力」は、簡単に引き出すことができます。

いよいよ具体的なテクニックについて、次章から詳しく解説していきましょう。

第2章

集中力を〝自由自在〟に引き出すための「超リラックス状態」のつくり方

「緊張」「疲れ」を消し、「雑念」にとらわれないための〝頭のコンディション〟を整える5つの技術

力の「強さ」よりも「入れ方」が大事

本章からは、いよいよ「集中のための具体的なノウハウ」に入っていきます。

第1章でお話しした通り、集中とは**「あなたの力を一点に集める」**こと。そして、集中力とは**「あなたの力を一点に集める技術」**になります。

つまり、「集中のためのノウハウ」とは、「あなたの力を一点に集めるための具体的な方法」ということになります。

さて、ここで「力を一点に集める」というと、おそらく多くの人が、「その力は強ければ強いほどいい」と思ってしまうはずです。

もちろん、力を一点に集中させる場合、その力は強ければ強いにこしたことはありません。

しかし、問題なのは、その「力の入れ方」です。

力が強ければいいといって、目いっぱい、力の限りを尽くせばいいかというと、必ずしもそうではありません。

できる限り強い力を一点に集中させたいのであれば、逆説的ですが、**「力を入れすぎない」ことがコツ**になります。

「できるだけ強い力を一点に集中させたいのに、なぜ、力を入れすぎてはいけないのですか？」

おそらく、多くの人がそのように思うことでしょう。

この点については、ベストセラーである『集中力』（セロン・Q・デュモン著、サンマーク出版刊）に興味深い記述がありますので、少し長くなりますが、下記に引用させていただきます。

「成功するために集中力が欠かせない時代とはいえ、集中力の奴隷になって、仕事の悩みを家庭に持ち帰ってはいけません。これは生命力の火を両端から燃やすようなもので、予定よりもずっと早く火が燃えつきてしまいます。

仕事に打ちこみすぎて、教会に行っても仕事のことばかり考えて牧師の話が耳に入らない人が大勢います。劇場に行っても、心は仕事に奪われて芝居を楽しむどころではありません。ベッドに入っても仕事のことを考えて眠れず、なぜ眠れないのかと不思議に思ったりします。

これは誤った集中であり、危険です。自分をコントロールできていないからです。一つの考えを休みなく抱きつづけると、肉体の衰弱を招きますから、そのような状況は不健全です。自分が考えを支配するのではなく、考えに自分を支配させるのは大きな過ちです。自分自身を支配できない人は成功者ではありません。

集中力をコントロールできなければ、健康を害することになるでしょう。他のことが何も心に入る余地がないほど、何かに没頭するのはやめましょう。それがセルフコントロールです」

リラックスなくして〝質のいい集中〟はない

ひとつの考えを休みなく抱き続けると、肉体の衰弱を招く。だからこそ、何かに没頭しすぎてはいけない。

考えに支配されるのではなく、自分自身で考えを支配することが大切であり、そのためにはセルフコントロールが必要である。セロン・Q・デュモン氏は、そのように述べています。

これはまさにその通りで、何かに集中したいからといって、他のものが何も入る余地がないほど集中すればいいかと言えば、決してそうではありません。

なぜなら、何かに没頭しすぎるということは、セロン・Q・デュモン氏の言う通り、セルフコントロールを失うことだからです。

何かに集中することで、体が衰弱したり、健康を害したりするようでは、元も子もありません。

つまり、何かに集中するためには、一見、矛盾するようですが、力を入れすぎてはいけないのです。

では、いったいどうすれば、セルフコントロールを失わない程度に集中することができるのでしょうか。適度に力を抜いて集中するためには、いったいどうしたらいいのでしょうか。

そのために必要なのが「リラックス」です。

この章では、リラックスのための技術を紹介しています。効果があるものを厳選してご紹介していますが、全部行なわなければならないわけではないので、自分に合ったリラックスの技術を選んでひとつでもいいからやってみてください。

「集中の理想型」とは？

子供がゲームに集中しているシーンをイメージしてみてください。

このとき、子供は「このゲームに、絶対に集中しなければならない！」と緊張しているわけではなく、適度にリラックスして、目の前のゲームを楽しむことができています。

これが、いわば「集中の理想型」です。

そして、この状態をつくり出すためには、まずはリラックスすることが欠かせません。

私が数多くの子供たちやスポーツ選手、社会人を指導してきて感じたのは、何かに集中できない人というのは、往々にして、緊張して力が入りすぎているということでした。

「何がなんでも、うまくいかせなければならない！」と考え、力が入っている人ほど、本領を発揮できないものです。

力が入りすぎることで、「かえって失敗したらどうしよう……」という雑念がわいてきてしまい、目の前の仕事や勉強に集中することができなくなってしまうのです。

あなたにも、一度や二度、そうした失敗の経験があるのではないでしょうか。

一方、自分の力を発揮できる人、もしくは、自分が持っている力以上のものを発揮**できる人というのは、たいていリラックスして物事に臨んでいます。**

この状態が「集中の理想型」であり、そのために必要なのが、「いかにリラックスするか」です。

つまり、何かに集中するためには、リラックスすることが大切であり、まずは「リラックスするための具体的な方法」を知ることが大切なのです。

集中とリラックスの関係について、私は講演、研修、セミナーなどで「振り子の原理」を使って説明しています。

振り子というのは、引っ張れば引っ張るほど、振り幅が大きくなります。これと同じことで、緊張して、リラックスの幅が小さければ、集中は自ずと浅くなります。

これに対し、リラックスの振り幅が大きければ、それだけ集中の振り幅も大きくなります。

つまり、リラックスをすればするほど、集中の深度をより深めることが可能になるのです。

このように、集中とリラックスというのは、実は表裏一体の関係にあります。何かに集中したいのであれば、まずはリラックスすることが大切なのです。

実力を発揮できないジムファイターにならないための予防策

一流スポーツ選手が集中する際、「ルーティン」と呼ばれる儀式を行なうことがあります。

特に有名なのは、イチロー選手でしょう。イチロー選手は「ルーティン」と呼ばれる「一連の決まった動作・習慣」を、バッターボックスに立ったときに行ない、ピッチャーと向き合います。

「ルーティン」と言われると、ラグビーのワールドカップで話題になった五郎丸選手を思い浮かべる人も多いのではないでしょうか。

イチロー選手と同様に、五郎丸選手も必ずルーティンを行なってから、ボールを蹴《け》ります。

彼らがルーティンを重視する大きな理由は、「リラックス状態」を自らつくり出すためだと私は考えています。

では、なぜルーティンを行なうと、リラックスできるのでしょうか。

当たり前の話ですが、スポーツ選手は試合に臨むにあたり、何度も同じ練習をくり返します。

イチロー選手であれば、打撃練習をくり返し行ないますし、五郎丸選手であれば、キックの練習を何度も反復します。

この際の問題点は、練習時は、試合のときほどの緊張感がないということです。監督やコーチは、よく「試合本番のつもりで、練習をやれ」と言いますが、試合本番の緊張感を持って練習に臨むことは容易ではありません。

練習では意識しなくても、適度にリラックスした状態で臨むことができるため、自分の力を思う存分発揮できることが多いのです。

ところが、試合本番になると、なかなかそうはいきません。

観客の歓声で集中力が削がれることもありますし、何より「失敗したらどうしよう……」という気持ちが、集中を阻害します。

つまり、試合は練習のときと状況が全く異なるため、練習と同じパフォーマンスをすることが難しくなってしまうのです。

ボクシング業界には、「ジムファイター」という言葉があります。これは、「ジムの練習では強いけれど、本番に弱い選手」という意味です。

つまり、「ジムファイター」とは、「試合で力を発揮できない選手」を揶揄《やゆ》する言葉なのです。

あなたの周りにも、こうした「本番に弱い人」がひとりや2人いるのではないでしょうか。

イチロー選手や五郎丸選手にとって、大切なこと。

それは、「いかに練習のときのように、本番に臨めるか」ということです。

そのために必要なのは、「いかにリラックスできるか」であり、それを可能にするのが、「ルーティン」と呼ばれる一連の動作・習慣なのです。

〝リラックススイッチ〟を押してくれるルーティンの威力

当然のことですが、彼らは試合本番だけでなく、練習のときから、ルーティンを行なっています。

「なぜ、練習のときからルーティンを行なうのだろう。その時間を練習に割いたほうが、より技術が向上するんじゃないかな」

このように思う人がいるかもしれませんが、彼らは決して、ムダにルーティンを行なっているわけではありません。

彼らが、貴重な練習時間のときにもわざわざルーティンを行なうのは、練習での成功体験をルーティンに結びつけるためです。

彼らは、練習の段階から「ルーティンをやれば、俺は必ずうまくやれる!」ということを、自分の頭と体に染み込ませているのです。

ともすれば、緊張してしまいがちな試合本番ですが、その前にルーティンを行なうことにより、練習での成功体験を、無意識に思い出すことができます。

たとえば五郎丸選手の場合、ルーティンを行なうことで、練習時の成功体験のイメージを持ってボールを蹴ることができます。

そのため、観客の歓声や「失敗したらどうしよう……」という**マイナス思考にとらわれることなく、リラックスして、適度な緊張感を保ちつつ高い集中状態を実現できる**のです。

つまり、ルーティンによってリラックスできるのは、練習での成功体験をルーティンと結びつけているからであって、だからこそ、一流の人ほどルーティンを重視しているのです。

一流の人は準備運動の段階から、様々なルーティンを取り入れています。

彼らにとって、ルーティンは、リラックスして物事に臨むための、いわば「必須《ひっす》アイテム」なのです。

だからこそ、あなたも、まずは「これをやれば、リラックスできる」というルーティンを持つことが大切です。

はじめのうちは、そのリラックスを、なかなか集中に結びつけることができないかもしれません。

しかし、くり返し行なっていけば、「これをやれば、必ずリラックスして集中できる」という状態まで持っていくことができるはずです。

あなたの中に眠っている集中力を、いかに引き出すか。

そのコツをつかむため、これからご紹介する「リラックスの技術」を、あなたのルーティンとして取り入れることから、まずは始めてみてください。

「鼻呼吸をしなければ、能力が下がる」は本当か？

では具体的に、どのようにすれば、リラックスできるのでしょうか。早速ですが、そのためのノウハウをご紹介しましょう。

まずは、「姿勢のつくり方」についてです。

もしも、「集中力がない人の共通点を挙げなさい」と言われたら、私は第一に「姿勢が悪い」という点を挙げます。

私の経験から言うと、一流のスポーツ選手で、姿勢が悪い人はまずいません。

また、成績がいい子というのは、たいてい姿勢もよく、逆に成績が悪い子というのは、姿勢も悪いことが多いと言えます。

実は、姿勢の良し悪しというのは集中力に直結していて、姿勢がいいと集中力が高まります。逆に姿勢が悪いと、集中力がなくなる傾向があります。

これは、いったいなぜなのでしょうか。

実は、この点については、しっかりとした根拠があります。

姿勢が悪い人は、鼻呼吸ではなく、口呼吸になりやすいため、集中力を欠きやすいのです。

「なぜ、口呼吸になると、集中力がなくなるのか」を具体的に説明しましょう。

一時期、「鼻呼吸がうまくできないと、頭が悪くなる」という説が流れました。

そのときには、「そんなの迷信だよ」とバカにされていたのですが、最近、それが単なる迷信ではないことがわかってきました。

鼻呼吸がうまくいかなくなると、集中力がなくなり、仕事や勉強の効率が落ちてしまう可能性が高いのです。

なぜ、鼻呼吸ができていないと、集中力が落ちてしまうのでしょうか。

たとえば、お手持ちのスマートフォンをイメージしてみてください。コンピューターの脳にあたるのは「ＣＰＵ」ですが、これを使い続けると、「ＣＰＵ」は徐々に熱を帯びてきます。

「スマートフォンをいじっていたら、徐々にスマートフォンが熱くなってきた」という経験をお持ちの人も多いのではないでしょうか。

熱を帯びた「ＣＰＵ」は作業効率が落ちますから、それをどこかで冷やしてあげなければなりません。

その役割を果たすのが、ラジエーターです。

ラジエーターがあるからこそ、「ＣＰＵ」はオーバーヒートせず、その機能を保つことができるのです。

もちろん、ラジエーターがなくてもスマートフォンは機能しますが、熱を帯びると、カメラのアプリが作動しなくなるなど、どんどん性能が落ちていきます。

実は、これと同じことが、人間の脳にも言えます。

人間の脳は、高性能の「ＣＰＵ」のようなもの。使い続けていれば、当然、熱を帯びてきます。

人間の脳が体の先端部に付いているのは、できる限り外気に触れやすくして、温度を下げるためなのです。

しかし、脳は同時に、非常にデリケートな部分でもあります。

分厚い頭蓋《ずがい》骨にガードされ、体の先端部にありながらも、なかなか冷却しにくい側面を持っています。

では、人間は、どのようにして脳を冷却しているのでしょうか。

実は、そのときに重要な役割を果たすのが、鼻です。**鼻から外の冷たい空気を吸うことによって、脳を冷やすのです。**

いわば、鼻は「脳のラジエーター」の役割を果たしているのです。

鼻呼吸で脳のオーバーヒートを防ぐ

以上の説明で、「鼻呼吸がうまくできないと、頭が悪くなる」と言われる根拠がおわかりになったでしょう。

鼻呼吸ができないと、熱を帯びた脳を冷やすことができず、作業効率が落ちてしまいます。

つまり、これは「鼻呼吸をしないと、集中力を持続させることが難しくなってしまう」ということであり、「鼻呼吸ができないと、頭が悪くなる」というのは、あながち根拠のない話ではないのです。

「それなら口呼吸をやめて、鼻呼吸にすればいいという話ですよね？」

そのように思う方は、ためしに背中を丸めて、鼻呼吸をしてみてください。肺が圧迫されて、呼吸をするのが苦しいことに気づくと思います。

そのあとで、今度は背筋を伸ばして、鼻呼吸をしてみてください。肺が広がり、呼吸しやすいことに気づくのではないでしょうか。

このように姿勢というのは、実は、呼吸と密接に結びついています。

ですから、口呼吸を鼻呼吸に変えるためには、まずは姿勢を整えなければなりません。姿勢を整え、呼吸法を変えなければ、いくら集中できたとしても、脳がオーバーヒートしてしまうからです。

リラックスした集中状態を保つためには、まずは姿勢を改善することが必須なのです。

では、具体的にどのようにすれば、姿勢がよくなるのでしょうか。

集中力が一気に高まる〝姿勢〟のつくり方

姿勢がいい人というのは、堂々としていて、自信を持っている印象を人に与えます。

一方、姿勢が悪い人は、どこか自信なさげに見え、沈んだ印象を相手に与えがちです。

だからこそ、親は子供の姿勢をよく注意します。

「もっと姿勢をよくしなさい！」

子供のとき、そのように親に怒られた人は多いと思います。

でも、具体的にどのようにすれば、姿勢がよくなるのでしょうか。

その方法を親から教えてもらったという人は、おそらくほとんどいないのではないでしょうか。

実は、私は学習塾をやっていて、ひとつ驚いたことがあります。

それは、子供たちに「姿勢をよくしなさい」と言っても、子供たちがなかなか実践できないことでした。

「姿勢をよくしなさい」という漠然とした指示だけでは、それを実践できない子が、驚くほど多いのです。

これは、社会人にも同じことが言えます。

私は講演、研修、セミナーなどで、「まずは姿勢を整えてください」と言うのですが、それだけだと実践できない人が大勢います。

そこで、「こうやって、姿勢をよくしてください」という具体的な方法を示すと、

「なるほど！　姿勢って、こうやればよくなるんですね」

「セルフイメージが上がった気がします」

「自信がわいてきました」

といった感想をいただくことが数多くあります。

社会人ですら、「姿勢をよくしてください」という漠然とした指示だけだと、それを実践することはなかなか難しいのです。

では、どのようにすれば背筋が伸びて、姿勢がよくなるのでしょうか。

一つひとつの動きを理解してください。

まず、**イスに浅く座ってください。**

次に、**自分の利き手を頭に乗せ、手のひらで軽く頭を押さえつけます。**

これができたら、**上から頭を押さえつける力に反発するように、あごを引いて、背筋をグッと上へ伸ばしてください。**

すると、頭の上から押さえつけている利き手も、背筋を伸ばすのと同時に、グッと上に押し上げられることが実感できると思います。

この作業が終わったら、**利き手を頭の上から下ろしましょう。**

次に、**両肩をグッと上げて、2～3秒、緊張した状態を保ちます。**

その後、**脱力して、両腕をストンと下ろしてください。**

以上で終了になります。

「え、たったこれだけですか？」

と思われるかもしれませんが、試しに大きな鏡の前で、この一連の作業を実践してみてください。

今まで曲がっていた背骨が、ピンとまっすぐ伸びていることに気づくことができます。

ひょっとしたら、はじめは違和感があるかもしれませんが、この姿勢で仕事をしたり、勉強をすると、体がとても楽なことに気づくはずです。

実は、背中を丸めた状態で長時間イスに座ると、集中力も持続しないばかりか、腰痛や肩こりの症状にもなりやすいのです。一方、ご紹介した状態は、背骨が理想的なS字カーブを描き、自然に集中しやすい状態が得られます。

集中力が高まる姿勢のつくり方

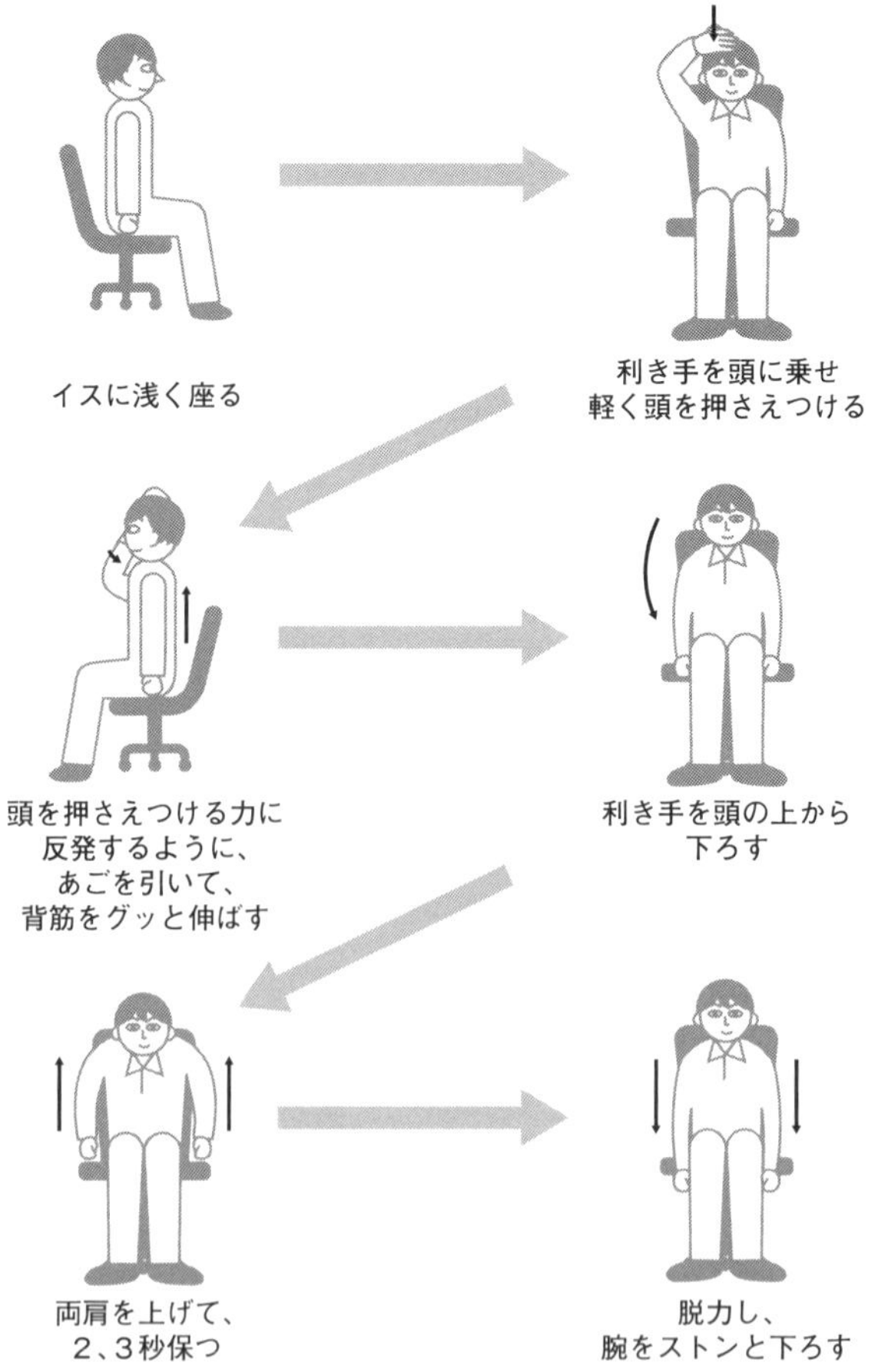
イスに浅く座る
利き手を頭に乗せ
軽く頭を押さえつける
頭を押さえつける力に
反発するように、
あごを引いて、
背筋をグッと伸ばす
利き手を頭の上から
下ろす
両肩を上げて、
2、3秒保つ
脱力し、
腕をストンと下ろす

効率的に脳に酸素を送り「だるい」「疲れた」を解消！

それは、この姿勢こそが、鼻呼吸が最も深くなる姿勢だからです。

先ほど説明をした通り、**鼻呼吸が深くなれば、脳のオーバーヒートを防ぐことができます。**

それだけでなく、呼吸が深くなることで、脳のエネルギー源となる酸素を、より多く脳に運ぶことができるようになります。

呼吸が深くなることで、脳のエネルギー源となる酸素を、より効率的に脳に送ることができるようになるのですから、体が楽に感じるのは当然のことと言えるでしょう。

一方、姿勢が悪い人というのは、私の印象だと、常に倦怠《けんたい》感を抱えているイメージがあります。

最近では、子供であっても、すぐに「だるい……」「疲れた……」と口にする傾向がありますが、そうした子ほど、なかなか勉強に集中できません。

もしも、あなたにそうした傾向があるとしたら、その原因は脳の酸素不足にあるのかもしれません。

そして、もし脳の酸素不足が倦怠感の原因だとすると、その根本は、おそらくあなたの姿勢の悪さにあります。

ビジネスパーソンだと、デスクワークで1日中、机に座りっぱなしという人も多いでしょう。

そうした場合、たいていはパソコンに向かっての作業が中心になると思いますが、パソコンの画面を見ていると、どうしても姿勢が前のめりになりがちです。

気づかないうちに姿勢が悪くなり、呼吸が浅くなる、といった具合に悪循環に陥ると、集中力が落ちて、作業効率が上がらなくなってしまいます。

そうした悪循環を防ぐためにも、机に向かってイスに座ったら、定期的に姿勢を整えることが大切です。

ちなみに、私は学習塾でも、社会人向けの研修でも、まずは正しい姿勢をつくることから始めてもらいます。

なぜなら、よい姿勢というのは、見た目だけの問題ではなく、集中力を発揮するための必須条件だからです。

姿勢が悪いと、次の章で紹介する「集中のためのノウハウ」も、なんら意味をなさなくなってしまいます。

本書を読んでいるあなたも、まずは正しい姿勢を身につけることから始めてください。

「マイナス×マイナス＝プラス法」で超リラックス状態をつくる

さて、姿勢を整えたら、次は体をよりリラックスさせる作業に入りましょう。

体をリラックスさせるための方法はいくつかありますが、まずご紹介したいのは、

「マイナス×マイナス＝プラス法」というやり方です。

具体的に説明しましょう。

まずは、**両肩をグッと上げて、緊張させます。**

そこから**さらに肩を上げて緊張させ、我慢できなくなったら、ストンと肩を落とします。**

この作業を2、3回行なってください。

なぜ、肩を上げ下げするだけで、リラックス効果を得られるのか。

そもそも、なぜ、この作業が「マイナス×マイナス＝プラス法」という名前なのか。

名前の根拠とその効用について、詳しく解説しましょう。

不思議なもので、人間は「緊張してはいけない」と思っているときほど、逆に緊張してしまうものです。

そんなとき、どうしようもない緊張に対処するためには、いったいどうしたらいいのでしょうか。

そこで私が提唱しているのは、あえて緊張というマイナスの負荷を、自らかけていくという方法です。

ためしに肩をグッと上げてみてください。

この状態は、緊張か、それともリラックスかで言えば、いったいどちらでしょうか。

肩に余分な力が入っているため、あきらかに緊張状態、つまり、マイナスの状態になります。

そこからさらに肩を上げれば、体にはさらなる緊張状態、つまり、よりマイナスの負荷がかかることになります。

その状態から脱力し、ストンと肩を下げてみてください。

この状態は、緊張とリラックスで言えば、どちらでしょうか。

脱力して腕をダランと下げた状態は、あきらかにリラックスの状態です。体にかけた「緊張」という負荷を一気に解くことで、体をリラックス状態、つまり、プラスの状態にもっていくことが可能になるのです。

「マイナス×マイナス＝プラス法」で リラックス状態をつくる

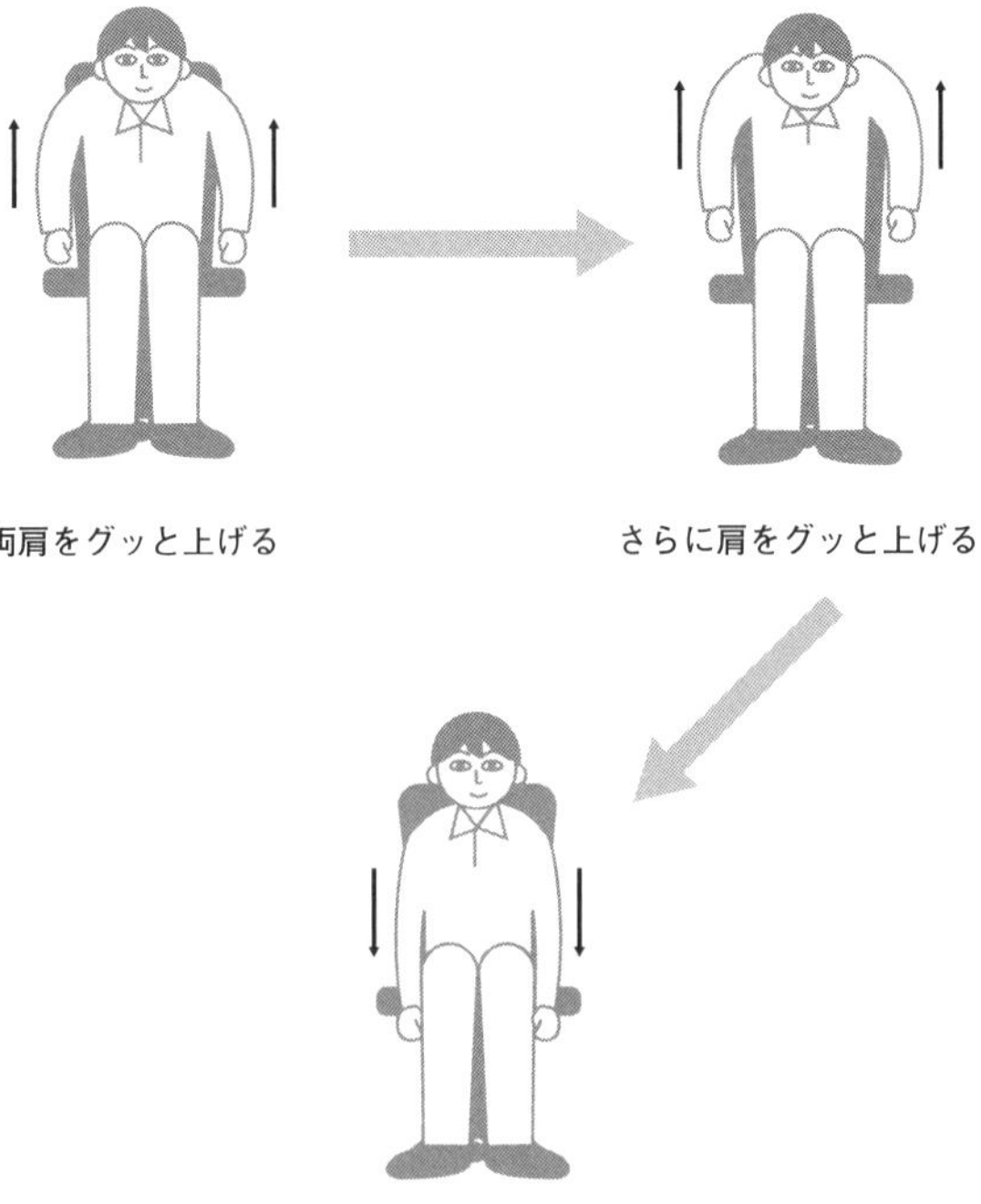

両肩をグッと上げる

さらに肩をグッと上げる

肩をストンと落とす

この作業を2、3回くり返すことで リラックス状態がつくられる。

緊張（マイナス）×緊張（マイナス）＝リラックス（プラス）

だからこそ、私は、この方法を「マイナス×マイナス＝プラス法」と呼んでいます。

「緊張という負荷」を利用するのもひとつの手

ところで、なぜ、「緊張」という負荷を解くと、逆に体がリラックスできるのでしょうか。

試しに、肩をグッと上げた状態を、ずっとキープしてみてください。あなたは、その状態を何分間保つことができますか。

おそらく2～3分もすると限界で、脱力してしまうと思います。

これは、**「人間は緊張状態をずっと続けることはできない」**ということです。

過度な負荷がかかれば、どこかの段階で、「もう限界」となって、脱力せざるをえません。

だからこそ、もしもあなたがリラックスをしたいのであれば、「緊張」という負荷をあえてかけて、「もう無理」と脱力するところまで、自分でもっていけばいいのです。先ほどお話ししたように、人間は「リラックスしなければならない」と思っているときほど、逆にリラックスできないものです。

であれば、まずは「緊張している」という事実を認めましょう。そして、無理にリラックスしようとするのではなく、さらなる「緊張」という負荷を、あえて自分にかけてみてください。

人間は緊張状態を続けることはできませんから、一定の負荷がかかれば、どこかで脱力せざるをえません。その脱力こそが、リラックス状態なのです。

この「マイナス×マイナス＝プラス法」はいつでも、どこでも実践可能です。

「ちょっとリラックスしたいな」というときに、イスに座った状態で簡単に実践できます。

「これから大事なプレゼンだ。リラックスして臨みたい」というときにも、気軽に行なっていただけるでしょう。また、試験本番や大事な試合に臨むときなど、ここ一番でリラックスしたいときにも使えます。

私が知る限り、一流のアスリートなどは、この動作を取り入れています。競技前、肩を上下させるルーティンを行なうことで、リラックス状態を自らつくり出しているのです。

たとえば、私が研修で指導した人の中には、ゴルフをやる際、ティーショットを打つときに緊張しないよう、この「マイナス×マイナス＝プラス法」を取り入れて、リラックスできるように工夫しスコアアップした人もいらっしゃいます。

非常に簡単なエクササイズですが、社会人向けのセミナーや研修などでも「効果があった」「続けて実践していきたい」という声をいただくことが多く、その効果は抜群です。

時間や場所を選ばないという意味でも、「マイナス×マイナス＝プラス法」はリラックスするために、非常に有効な方法になります。

ぜひ日々のルーティンとして、実践してみてください。

深呼吸はただやるだけでは意味がない

それでは、次のワークに移りましょう。

「今から5分間、息を止めてください」

そのように言われたら、あなたはどう感じるでしょうか。おそらく「そんなことをしたら、死んじゃうよ」と思うのではないでしょうか。

そもそも、なぜ、息を5分間止めると、死んでしまうのでしょうか。当たり前の話ですが、脳が必要としている酸素を供給できなくなるからです。

車がガソリンを必要とするのと同様、酸素がなければ、人間は生きていくことができません。

「なぜ、今さら、そんな当たり前のことを言うんだろう」と思われるかもしれませんが、この事実が何を意味するのかを、冷静に考えてみてください。

車で言うと、どんなに性能のいい車であっても、ガソリンがなければ動きません。人間も同様で、あなたの能力がどんなに高かったとしても、脳に酸素がなければ、能力を発揮できないし、集中することもできません。

脳に酸素を送り込むというのは、車にとってのガソリンと同様、とても重要な作業なのです。

にもかかわらず、私の印象では、呼吸の重要性を認識している人が、とても少ないように感じます。

私は今までに数多くの一流ビジネスパーソン、アスリートと接してきましたが、その中で感じたのは、一流になればなるほど深呼吸を丁寧に行なっているということでした。

業界の最高峰でしのぎを削る彼らは、深呼吸の重要性を、痛いほどわかっているのです。かといって、深呼吸は、トップクラスの人々のためのものかと言えば、決してそうではありません。

一般の人にとっても、深呼吸は非常に重要なスキルであると私は考えています。なぜなら、仕事や勉強でリラックスして集中力を発揮するためには、深呼吸が欠かせないからです。

人間は緊張すると、呼吸が早くなり、かつ浅くなる傾向があります。

呼吸が浅くなると、先ほど説明をした通り、酸素が脳に届きにくくなり、集中力を欠くようになります。

つまり、**リラックスした状態で集中力を持続させるためには、深呼吸が欠かせない**のです。

一言で「深呼吸」と言いますが、ただ深く息を吸って、吐けばいいというものではありません。

深呼吸にも、きちんとしたやり方があります。

どう息を吸って、どう吐けばいいのか？

深呼吸に関しても、おそらくきちんとしたやり方を教えてもらったことがあるという人はほとんどいないと思いますので、本書でしっかりマスターしていただければと思います。

一流は〝5、3、8深呼吸〟をやっていた！

では、どのように深呼吸をすれば一番効果的なのでしょうか。詳しくご説明していきます。

まずは、イスに腰掛けます。

座った状態で、まずは肩をギュッと上げて、ストンと脱力させてください。

その後、膝の上に両手を置き、手のひらを上に向けます。

軽く目を閉じ、**鼻で5秒間、大きく息を吸い込んでください。**

このとき、キレイな空気を全身の細胞の隅々まで届けるイメージで、息を吸い込みましょう。

鼻で5秒間、息を吸い込んだら、次は**3秒間、息を止めます。**

息を止めるのは、息を吸い込む作業、息を吐き出す作業を、それぞれ明確に意識させるためです。

吸って、吐いて、吸って、吐いてという作業を単純にくり返しているだけだと、その境界線が曖昧になってしまいがちです。

一度息を止めることで、境界線が生まれるため、息を吸う作業も吐く作業も、しっかり意識的に行なうことが可能になるのです。

さて、息を3秒間止めた後は、イヤな気持ちや体の中の汚れた空気を吐き出すイメージで、ゆっくり吐き出しましょう。

口から息を吐く時間は、8秒間です。

5秒吸い、3秒止めて、8秒吐く。

この作業を3回ほどくり返してください。

以上が、深呼吸の正しいやり方になります。

5＋3＝8と覚えてください。

5、3、8深呼吸法

**座った状態で、肩をギュッと上げて、
ストンと脱力させる**

↓

膝の上に両手を置き、手のひらを上に向けます

↓

鼻から5秒空気を吸う

↓

3秒息を止める

↓

口から息を8秒吐く

学習塾や企業研修でいろいろなやり方を試してみたところ、「5秒、3秒、8秒」が、子供であれ、大人であれ、多くの人に馴染《なじ》むやり方でした。

そのため、私は「5秒、3秒、8秒」というタイミングを採用しています。

このあたりは、人によって合う、合わないがあると思いますので、もしも「5秒、3秒、8秒」が合わなければ、自分なりのタイミングでやっていただいてかまいません。

ですが、できる限り、まずは「5秒、3秒、8秒」というタイミングで深呼吸を行なって感覚をつかんでみてください。

この作業を3回ほどくり返すだけで、「ああ、リラックスできているな」と実感できます。「気が散る」ということを、解消することもできるのです。

雑念にとらわれない瞑想の驚きの効果

「5秒、3秒、8秒」という深呼吸は、3回やっていただくだけでかまいません。

ですが、目を閉じて、この作業を5～10分間ほど行なっていただくと、世に言う「瞑想《めいそう》」になります。

瞑想にリラックス効果があるということは、よく言われています。シリコンバレーなどでも最近はブームのようです。

ここではあえて詳しく説明しませんが、目を閉じて深呼吸をくり返すわけですから、リラックス効果があることは、説明をしなくても、おわかりいただけると思います。

さて、本書を読んでいる人の中で、「瞑想をやったことがある」という人は、どれくらいいらっしゃるでしょうか。

実際に瞑想をやった経験がある人はおわかりになると思いますが、瞑想の難しい点は、余計な雑念がわいてきてしまうことです。

よく「瞑想のときは、頭の中を空っぽにしなさい」と言われますが、**頭の中を空っぽにしようとすればするほど、余計なことを考えてしまいがち**です。

「何か変な音がするな」

「何で正座なんだよ。足が痛いよ」

「ああ、のどが渇いた」

人間は「何も考えてはいけない」と思うときほど、余計なことを考えてしまう生き物なのです。これでは、リラックスどころではありません。

では、瞑想にリラックス効果を持たせるためには、いったいどうすればいいのでしょうか。

そのコツは、呼吸に集中することです。

「5秒、3秒、8秒」という呼吸のタイミングだけに、とにかく集中する。

呼吸に集中さえできれば、雑念がわきにくくなり、瞑想のリラックス効果を得やすくなります。

深呼吸と違い、瞑想は5～10分の時間を要しますから、忙しい人は、なかなか実践が難しいでしょう。

ですから、瞑想は必須ではありませんが、もし時間があれば、実践してみてください。

くり返しますが、その際のコツは、とにかく呼吸に集中することです。

そうすることで、雑念がわきにくくなり、瞑想によって、かなり高いリラックス効果を得られるはずです。

目のストレッチで視野を広げ、緊張を解く

さて、次のワークとして、リラックスに効果的な「目のストレッチ運動」をご紹介しましょう。

私はよく建設関係の会社から「安全大会」の講演依頼を受けることがあります。

Concentration!

なぜ、建築会社が、集中力の講演を私に依頼してくるのでしょうか。それは建設現場で集中力を欠くと、大きな事故につながりかねないからです。

「集中力の持続」というテーマは、建築会社にとって非常に重要であり、ある意味、死活問題なのです。

人間は緊張すると、視野が狭くなってしまいがちです。

私の学習塾に来る子供たちの中には、はじめのうち、ものすごく緊張している子がいました。そうした子をよく観察すると、たいていの場合、視野が狭くなっているのがよくわかります。

こうした子供たちの緊張感を解いてあげるために効果的なのは、「視野を広げてあげる」ことです。

緊張で狭くなってしまった視野を、エクササイズで広げてあげることで全体像が視覚に入りやすくなり、リラックスしやすい状態までもっていくことが可能となります。

では、視野を広げるためには、いったいどんなエクササイズを行なえばいいのでしょうか。

視野を広げる際の「注意点」とは？

まず、**両手の親指を立てて、顔の前に出してください。**

次に、**右親指の爪に、両目の視点を合わせます。**

右爪に両目の視点を合わせたまま、**指をゆっくり右側に移動させ、「これ以上はもう無理。指の爪が見えなくなる」というところで、指を止めてください。**

これができたら、今度は**視点を左親指の爪に合わせ、左親指を左側にゆっくり移動します。**右側と同様、「これ以上はもう無理。指の爪が見えなくなる」というところで、左親指を止めましょう。

この運動を、左右2回ずつ行なってください。眼球の奥の筋肉が伸びて、グッと視野が広がることが実感できるはずです。

縮こまった視野が広がれば、緊張が解け、その分、リラックスすることができるようになります。

このワークの注意点は、頭と顔を固定して、決して動かさないということです。指を右側に移動させるとき、同時に顔も右側に動いてしまうと、目のストレッチ運動になりません。

このエクササイズの主眼は、眼球を動かし、視野を広げることにありますから、顔を固定し、しっかり眼球が動いていることを実感しながら、エクササイズを行なってください。なお、目のワークに関しては、「眼球を動かすスピードを上げるトレーニング」もあるのですが、これに関しては、第4章でご紹介します。

リラックスを集中に結びつけることはできる

リラックスするための方法は、以上になります。

いかがでしょうか。

いずれも、机で簡単に実践できるテクニックです。

視野を広げるトレーニング

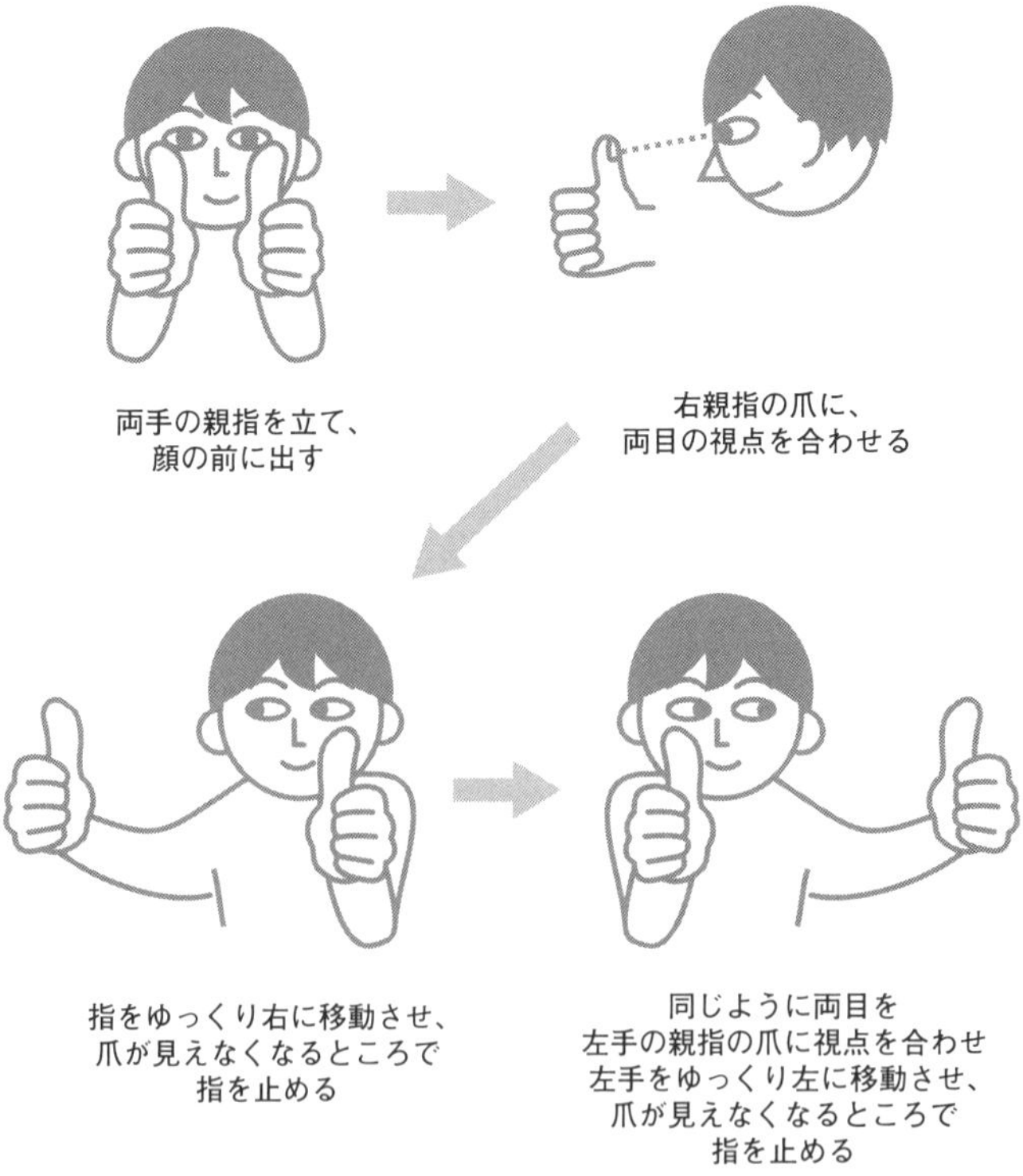
両手の親指を立て、
顔の前に出す
右親指の爪に、
両目の視点を合わせる
指をゆっくり右に移動させ、
爪が見えなくなるところで
指を止める
同じように両目を
左手の親指の爪に視点を合わせ
左手をゆっくり左に移動させ、
爪が見えなくなるところで
指を止める

左右2回ずつ行なうと、緊張が解けリラックスできる。
頭と顔を固定しておかなければ、効果が落ちるので注意！

おそらく「これなら自分でもできそうだ」と、感じていただけたのではないかと思います。

本章の冒頭でも説明した通り、何かに集中するためには、リラックスすることが欠かせません。

リラックスと集中の関係は振り子のようなもので、リラックスの幅が大きければ大きいほど、集中の振り幅も大きくなります。

最大限の力を一点に集中させるためには、まずはリラックスして、力を入れすぎないことが大切なのです。

本章では、リラックスの方法として、「姿勢のつくり方」「マイナス×マイナス＝プラス法」「深呼吸」「瞑想」「目のストレッチ運動」をご紹介しました。

このうち「姿勢のつくり方」に関しては、必須です。机に座ったら、まずはこの動作を行ないましょう。

私は講演の際、毎回数百人のみなさん全員でこの「姿勢のつくり方」を実践し、「体の姿勢」だけでなく、私の話を集中して聞いていただくように「心の姿勢」まで正してもらっています。すると、会場全体に心地いい凛《りん》とした空気が生まれてきます。

私の研修を受講された学校の先生が、授業前に必ずこの動作を子供たちに指導されていて、「姿勢がよくなると成績がよくなるということが、実感できています」といううれしい声もいただいています。

その他のワークに関しては、時間と場所、もしくは自分の好みに応じて、取捨選択していただければと思います。

さて、リラックスできたら、次はいよいよ「集中の技術」になります。

リラックスから集中状態に入るためには、いったいどうしたらいいのでしょうか。

そのための具体的な方法を、次章でご紹介します。

第3章

机に向かってすぐに集中する技術

「仕事」「勉強」の質を劇的に高める9つのスタートダッシュ法

机に向かってすぐに集中するには？

さて、リラックスすることができたら、いよいよ集中に入っていきます。

ここからは、本書のタイトルでもある「机に向かってすぐに集中する技術」をお話ししていきます。

リラックス状態というのは、いわば集中するための下地です。

リラックスできたからといって、必ずしも集中できるわけではなく、集中するためには、やはりそのためのテクニックが必要になります。

では、どのようにすれば、集中できるのでしょうか。

いったいどうすれば、あなたの中に眠っている集中力を瞬時に引き出すことができるのでしょうか。

本章では、そのための技術をお伝えしたいと思います。ここでも10年間の集中力に関する指導から、効果のあるテクニックを厳選してご紹介します。自分に合った技術をひとつでもいいので、物事に向かう前に実行してみてください。集中力を高めた状態で仕事や勉強に向かうことができます。

ところで、よく「目が泳いでいる」という表現をしますが、これは人間のどんな心理状態を表しているのでしょうか。

ソワソワしていて、落ち着かない……。

どうすればいいのかわからず、オロオロしている……。

覚悟が決まらず、迷っている……。

おそらく、そんなイメージではないでしょうか。これらは、いずれも集中とはほど遠い状態です。

なぜ、目が泳いでしまうのかと言えば、それは集中できず、心がフラフラしているからです。

心が落ち着かないから、目が泳いでしまう。このように人間の心理状態というのは、実は、目に如実に表れるのです。

Concentration !

では、ここで質問です。

あなたが何かに集中するためには、目線をどのような状態にすればいいでしょうか。

それは、**目が泳いでいる状態とは、逆の状態をつくればいい**のです。

つまり、何かに集中したければ、目線が泳がないように、一点に集中させればいいのです。

目線を一点に集めることで、自らを集中状態にすることが可能になります。

では、目線を一点に集めるためには、いったいどうすればいいのかをお話ししていきましょう。

集中できない人に共通する目線

学習塾を始めた頃の話ですが、勉強に集中できない子には「ある共通点」があることに、私は気づきました。

それは、勉強に集中できない子は、ホワイトボードを見ているようで、実は全く見ていないということです。

たとえば、私がホワイトボードに文章を書いて何かを説明しても、集中できない子というのは**目線が泳いでいるため、一見、ホワイトボードを見ているようで、全く見ていません。**

ホワイトボードに書いていることが全然目に入っていないし、私が話している内容も、全く耳に入っていないのです。

「こうした子供たちを勉強に集中させるためには、いったいどうしたらいいのだろうか」

その試行錯誤の中で生み出したのが、「集中カード」を使って、目線を一点に集中させる方法でした。

カードを使い、目線を一点に集中させることで、勉強に集中するように導いていったのです。

このカードの効果は絶大でした。

カードを使うことで、今まで勉強に集中できなかった子が、急に集中できるように

なったり、成績がよくなったりするというシーンを、私はたくさん目の当たりにしてきました。

今では子供のみならず、社会人にも使っていただき、好評を博しています。

実は、本書の付録の集中カード自体は、私のオリジナルですが、その原案をはじめて見たのは、私が会社員だった頃でした。

「イメージカード」と称して、カードの真ん中に野球のボールやバスケットボールを描いたカードが売られていたのですが、**私はそのカードに改良を加え、自分のオリジナルを作成**しました。

このカードは、いわば、私の集中力研究の集大成であり、私のノウハウの肝の部分になります。

「目線を一点に集中させる重要性は、よくわかりました。でも、何かに集中させるためには、別に目線にこだわらなくてもいいですよね。たとえば、何かを聞くこと、つまり聴覚を使って集中させる方法ではダメなんでしょうか」

このように思われるかもしれませんが、人間は情報収集の約8割を目に頼っていると言われています。

人間の脳は、外部からの情報や刺激を「視覚」「触覚」「嗅覚《きゅうかく》」「味覚」「聴覚」の五感で受け取っていますが、その約8割を「視覚」で受け取っています。

つまり、外部からの情報や刺激を受信するために最も重要なのは「視覚」であり、まずは目線を一点に集めることが、集中力を高める方法として、最も効果的なのです。

もちろん、視覚が情報収集の8割を行なっているからといって、その他の感覚がどうでもいいというわけではありません。

本書では、視覚だけではなく、触覚、嗅覚、味覚、聴覚を使った、ありとあらゆる「机に向かってすぐに集中する技術」をご紹介します。

ですが、先ほどお話しした通り、集中力を高める方法として最も効果的なのは、視覚を使った方法になります。

ですから、まずは集中カードを使った集中法を身につけてください。

「集中カード」を使い“フルパワー”でスタートダッシュを切る！

それでは早速ですが、本書の付録である集中カードを取り出してください。

このカードの使い方について、詳しく解説していきたいと思います。

まずは、先ほどご紹介した「5秒、3秒、8秒」の深呼吸を3回行なってください。

深呼吸でリラックスできたら、**カードの中心にある点に焦点を合わせ、20秒間見つめます。**

その後、**ゆっくり目を閉じてください。**

すると、点を中心とした「ダイヤモンド」の残像が、まぶたの裏に浮かんできます。

残像の色と形を確認しながら、完全に消えるまで目を閉じておいてください。

そして**残像が消えたら、ゆっくりと目を開けてください。**

集中カードの使い方

①5、3、8の深呼吸を3回行なう

↓

②カードの中心にある点に焦点を合わせ、20秒間見つめる

↓

③ゆっくり目を閉じる
（点を中心とした、ダイヤモンドの残像が浮かび上がる）

↓

④残像が消えたら、ゆっくりと目を開ける

↓

⑤「今からやるべきこと」を開始する

以上で終了になります。

一連の流れを行なったら、今やるべきことを開始してください。

ちなみに、このカードがダイヤモンドの形をしているのには、きちんとした意味があります。

ハート型、スペード型など、あらゆる形を実験してみましたが、やはり人間にとって残像が残りやすい形があるようです。さらに、学習塾で子供たちを指導しながら開発しましたので、このダイヤモンド型には、「君たちはダイヤモンドの原石なんだ。今はできなくても、君たちの中にはものすごい能力が眠っているんだ。磨けば必ず輝くんだ」という想いも込めました。

カードの上に書いてある「Believe in the diamond in myself. I can do anything.」（私は自分自身の中にあるダイヤモンドを信じている。私はできる！）という英文は、ビジネスパーソン、アスリート、受験に向かう子供たちに自信を持ってもらうための、一種の「アファメーション」（自己暗示のためのフレーズ）になっています。

また、ダイヤモンドが青で、周囲が黄色であるのも、意味があります。

青と黄色は、それぞれ補色の関係にあって、一緒に用いると、残像が残りやすいという特徴があります。

たとえば、街中にある信号機を思い出してみてください。

赤信号と青信号は、実際にはオレンジとグリーンなのですが、この両者は補色の関係にあります。

なぜ、信号機には補色が用いられるのでしょうか。それは、残像が残りやすいからです。

実は、街中にある信号機は、補色を採用することにより、運転者や歩行者に残像が残りやすいよう、工夫されているのです。

この事実を、私はカードに応用しました。一見、なんの変哲もないカードに思えるかもしれませんが、そこには様々な工夫を凝らしているのです。

残像がひとつのバロメーター

「たしかに、真ん中の点を20秒見つめて目を閉じると、まぶたにダイヤモンドの残像が浮かんできます。でも、それが集中力とどう関係があるんですか？」

中には、そのような疑問を持つ人もいらっしゃいます。

実は、こうしたカードを使う方法は「残像集中法」と言って、スポーツ界ではよく用いられる手法です。

私の経験上、**「残像を残せる時間が長い人ほど、集中力が高い」**と言えます。

では、「残像を長く残せる人」と「すぐに残像が消えてしまう人」の違いは、いったいどこにあるのでしょうか。

私の集中カードを例に取ると、ダイヤモンドの残像を長く残せる人は、20秒の間に、真ん中の点に視点を集中させることができています。

逆に集中力がない人というのは、意識的にせよ、無意識にせよ、視線がさまよってしまい、真ん中の点に視点を集中させる力（凝視力）が弱いように思います。

だからこそ、まぶたを閉じたときに、ダイヤモンドの残像が残りにくいのです。

また、雑念が浮かんでくることがありますが、その思考にとらわれると、短時間で残像が消えてしまう傾向にあります。つまり、残像時間が長い人ほど、そういう思考（雑念）にとらわれず、残像をリラックスして見ることができていると言えるでしょう。

この現象は、瞑想と通じるところがあり、私が指導した子供たちやビジネスパーソンがこの集中カードを使った後、心を落ち着けて、目の前のやるべきことに集中できる結果につながっているのです。

つまり、ダイヤモンドの残像を長い時間残せるか、それとも短い時間で消えてしまうかは、「どれだけ集中できているか」のひとつのバロメーターなのです。

カードは一石二鳥の優れ物！

ちなみに、このカードは、2種類の使い方ができます。

ひとつは、**集中力を強化するためのトレーニング**としての使い方。

もうひとつは、**「机に座って、これから集中するぞ」というときのルーティン**としての使い方です。

それぞれ、順番に説明しましょう。

まずは、トレーニングとして使っていただく場合、「カードの点を20秒見つめて、まぶたを閉じ、何秒間残像が残っていたかを測定する」という作業を、1日3回程度やることを推奨しています。

いつでも、どこでもかまいませんので、時間があるときに実行してみてください。

残像を残す目安は、だいたい60秒間です。

私の塾の例だと、成績がいい子というのは、90秒ほど残像を残すことができますし、オリンピックに出るような選手の場合は、2分以上残像を残せるケースもあります。

ですが、初心者の場合、まずは60秒を目指してみてください。

はじめのうちは、20秒ほどしか残像を残せないかもしれませんが、毎日くり返していくと、徐々にその時間が延びていくことが実感できるはずです。

またトレーニングを行なう際には、ぜひチェックシートをつくるといいでしょう。

チェックシートに書くことは、**「トレーニングを行なった日の日付」「残像が残った時間」「残像の見え方、感想、気づき」**です。

持っているノートなどに、簡単なことを書くだけですので、ぜひやってみてください。

このトレーニングを、毎日くり返し行なうと、日によって、集中力にムラがあることに気づくと思います。

「なぜ、昨日はあれだけ長く残像を残せたのに、今日はすぐに消えてしまうんだろう」という日が必ずあるはずです。

そんなときに、チェックシートをつくって、「残像が残った時間」「残像の見え方」「感想」「気づき」を記録しておくと、集中力を高めるためのコツがつかめるようになっていきます。

もし、1日3回が無理であれば、1日1回でもかまいません。

集中カード・チェックシートのつけ方の例

月／日	時間(秒)	残像の見え方、感想、気づきなど
2／20	35	今日の残像は鮮明に見えた
2／21	20	残像が消えていく過程で、再度、ひし形が浮かんできた
⋮	⋮	⋮

チェックシートに書くことは…

①トレーニングを行なった日の日付

②残像が残った時間

③残像の見え方、感想、気づき

トレーニングを継続することが、残像時間を延ばし、集中力を高めるための秘訣になります。

ぜひ、続けてトレーニングを行なってみてください。

カードで集中力を高め、やるべきことを開始する

さて先ほど、このカードには、トレーニングとしての使い方の他に、もうひとつの使い方があるというお話をさせていただきました。

それは、集中に入るためのルーティンとしての使い方です。これこそ、机に向かってすぐに集中するための秘訣でもあります。

机に向かい、**「さあ、これから集中するぞ」というときに、ぜひこのカードをルーティンとして使用してください。**

受験生への指導では、勉強を始める前に、まずは姿勢を正し、深呼吸だったり、「マイナス×マイナス＝プラス法」などでリラックスさせることから始めさせます。

そして、リラックスできたら、集中カードを使い、視点を一点に集中させ、目を閉じさせます。残像を確認し、それが完全に消えたら、勉強を始めるようにしています。

これはビジネスパーソンでも、同じことです。

「机につく」→「姿勢を正す」→「リラックス法を実践」→「集中カードで視点を一点に集中」→「残像を確認する」→「仕事や勉強を開始」

という流れは、子供であれ、大人であれ、変わりません。私の「集中力を高めるノウハウ」においては、この流れが必須になります。

この過程の中で、もしも「今日は残像の時間が短いな」と感じたら、〝5、3、8の深呼吸〟や「マイナス×マイナス＝プラス法」などのリラックス法を再度実践していただき、もう一度、集中カードにトライしてみてもいいでしょう。

なぜなら、残像時間が短いというのは、あなたがリラックスできていない何よりの証拠ですから、そのまま仕事に入っても、集中は浅くなります。

このカードは、日々ポケットや手帳に入れて携帯してください。自宅やオフィスはもちろん、ひとりになれて、リラックスできる環境のほうが落ち着いてトレーニングすることができます。

集中カードでしっかり残像を残すことができてから、仕事に取り組むようにしましょう。

集中力の度合いが深まるため、結果として、より仕事がはかどることになるはずです。

文章のはじめの5文字は〝1文字1秒〟ずつ読む

机で勉強や仕事を始める際に、行なっていただくと効果のある方法をご紹介します。

それは文章を読むときに、**はじめの5文字だけ、1文字ずつ1秒ピントを合わせ、視線を固定させる**ことです。

たとえば、「私は兄です」という文章があったとしたら、「私」「は」「兄」「で」「す」という文字に1秒ずつ、ピントを合わせるのです。

学習塾では、「じゃあ、始めよう」という私の合図でスタートし、子供たちはそれぞれ黙読、それが終わってから、普通に勉強を始めてもらっていました。

なぜ、わざわざこんな作業をやらせるのでしょうか?

それは、集中カードの説明の際にも指摘した通り、勉強に集中できない子というのは、ホワイトボードを見ているようで、全然見ていません。つまり、見るべきものから、ピントをずらしてしまう傾向があるのです。

では、ピントを合わせるためには、どうしたらいいでしょうか。

そのための手段が集中カードであり、今ご紹介した1文字ずつピントを合わせる方法です。

ですから、この方法は、集中カードの補完的なエクササイズと言えるでしょう。

ですが、このエクササイズを習慣として取り入れると、文章を読むスピードが上がったり、文章の内容がスーッと頭の中に入ってきたりするようになります。

指導した生徒を見ていても、比較的効果の高い方法だと感じています。

この習慣は、ビジネスパーソンでも簡単に取り入れていただけます。

机に座って、「さあ、これから仕事だ」「さあ、これから勉強だ」という際に、目の前の契約書やテキストなどの最初の5文字を1文字ずつ、1秒間ピントを合わせる。仕事や勉強の前に、この「ほんの一手間」を入れていただくだけで、集中の度合いが変わってきます。

簡単に習慣化できる方法なので、ぜひやってみてください。

手のホクロを見つめる「一点集中法」の効果はバカにできない！

では、手元に集中カードがないときには、どのように対処すればいいのでしょうか。

その際のコツも、とにかく視点を一点に集中させることです。

あるバレーの強豪チームが実践しているのは、試合のインターバルの最中などに、手のホクロを見て、視点を集中させボールへの集中を保つ方法です。

この方法であれば、集中カードがなくても、誰でも実践できます。

受験生には、たとえば数学で設問が5つあれば、1問問題を解くごとに1回、計5回、必ず自分の手のホクロに目のピントを合わせることをルーティン化する習慣をつける指導をしています。

驚くことに、今まではケアレスミスが多く、実力を出せなかった生徒が本来の力を出せるようになった事例を数多く経験しました。

また、私の研修を受講されたある市役所の職員の人は「年度末は毎日23時ごろまで残業が続き、毎日テンパった状態で過ごしていました。ところが、一つひとつの仕事を終えたときに、自分の手のホクロに5秒ほど視線を固定させるクセをつけると、心が落ち着き、気持ちがリセットされ、仕事に集中できるようになりました」と報告をいただきました。

もし、ホクロがなければ、あらかじめ、ボールペンや油性ペンなどで、自分の手に小さな点を書いておいてもいいでしょう。

集中カードがお手元にない場合は、ホクロや紙に書いた点を使ってもかまいませんが、いずれにしても、まずは視点を一点に集中させることが大切です。ぜひ、実践してみてください。

「あなたはテニスボールを重ねられますか？」

さて、集中カードは、主に視覚のみを用いた集中法でした。

次にご紹介したいのは、視覚に加え、触覚も合わせて使う方法です。

先ほど、ご紹介しましたが、私が集中力に関するセミナーに参加して、最初に行なったのは、**「テニスボールを2個積む」**というワークでした。

この方法は集中カードと同様、集中力の強化だけでなく、集中のためのルーティンとしても非常に優れているため、私の研修やセミナーでも積極的に取り入れています。

まずは、具体的なやり方について、説明しましょう。

これは単純にボールを2個積むだけなので、積めてしまえば、それがゴールです。

ですが、初心者は、なかなかボールを積むことができないと思います。

ボールを積むことができないのは、ボールに目の焦点が合っていないからです。ボールを2個積むためには、まずはボールの情報を、しっかり目からインプットしなければなりません。

ボールを認知できて、はじめてその情報と手の感覚、つまり触覚を合わせる作業に入ることができます。

ボールを2個積む作業がうまくいかないのは、視点をボールに集中できず、ボールの情報を正確にインプットできていないからなのです。

では、ボールに目の焦点を合わせるためには、いったいどうすればいいのでしょうか？

そのために私が推奨しているのが、上に置くボールに、油性ペンなどで直径5ミリぐらいの点を書くことです。

漠然とボールに焦点を合わせるよりも、小さな点を書き、そこに焦点を合わせるほうが、よりボールに焦点を合わせやすくなるのです。

点を書き、その点に目の焦点を合わせたら、そのボールを手に持ってください。

そして、その点が天井を向くような形で、ボールを乗せる作業に入ります。

小さな点を上から見下ろしてください。

そして、その点が上から見て中心になるようにして、ゆっくりとボールを乗せていきます。

この作業を経て、もしボールをうまく積めたとしたら、それはボールに目の焦点が合っているということであり、すなわち、ボールに視点を集中させることができているということです。

逆に、もしボールをうまく積めないとしたら、それは目の焦点がボールに合っていないということになります。

もう一度、ボールに目の焦点を合わせるところから、始める必要があります。

この方法は集中カードと同じく、集中力強化のトレーニングとしてだけでなく、机に座ってすぐに集中するためのルーティンとしても使えます。

もしも、トレーニングとして行ないたい場合は、1日5回程度を目安に、実践してみてください。

基準としては、1分間で5回、ボールを積めるようにトレーニングしましょう。私の経験則から言うと、素早くボールを積める人ほど、頭の切り替えが早く、集中状態に入るまでの時間が短いように感じています。

1分間で5回ということは、1回にかけられる時間は約10秒ということになります。この際、ボールを積めたら、まずは2秒間静止してください。

その後、上のボールを下に置き、下のボールを手で持ち、上下を逆転させて、ボール積みを行ないます。

この作業を1分間で5回、くり返してください。

はじめのうちは、両手でやっていただいてかまいませんが、慣れてきたら、応用編として、右手のみ、もしくは左手のみで行なってみましょう。

最初のうちは、少しハードルが高く感じるかもしれませんが、ぜひトライしてみてください。慣れてくると、無意識にボールに焦点を合わせることができるようになり、手の感覚だけでボールを積むことができるようになります。

ボールを２個積むトレーニングで、強い集中状態を体得する

ポイント①
ボールの情報を目からしっかりインプットする
ポイント②
ボールに目の焦点を合わせる

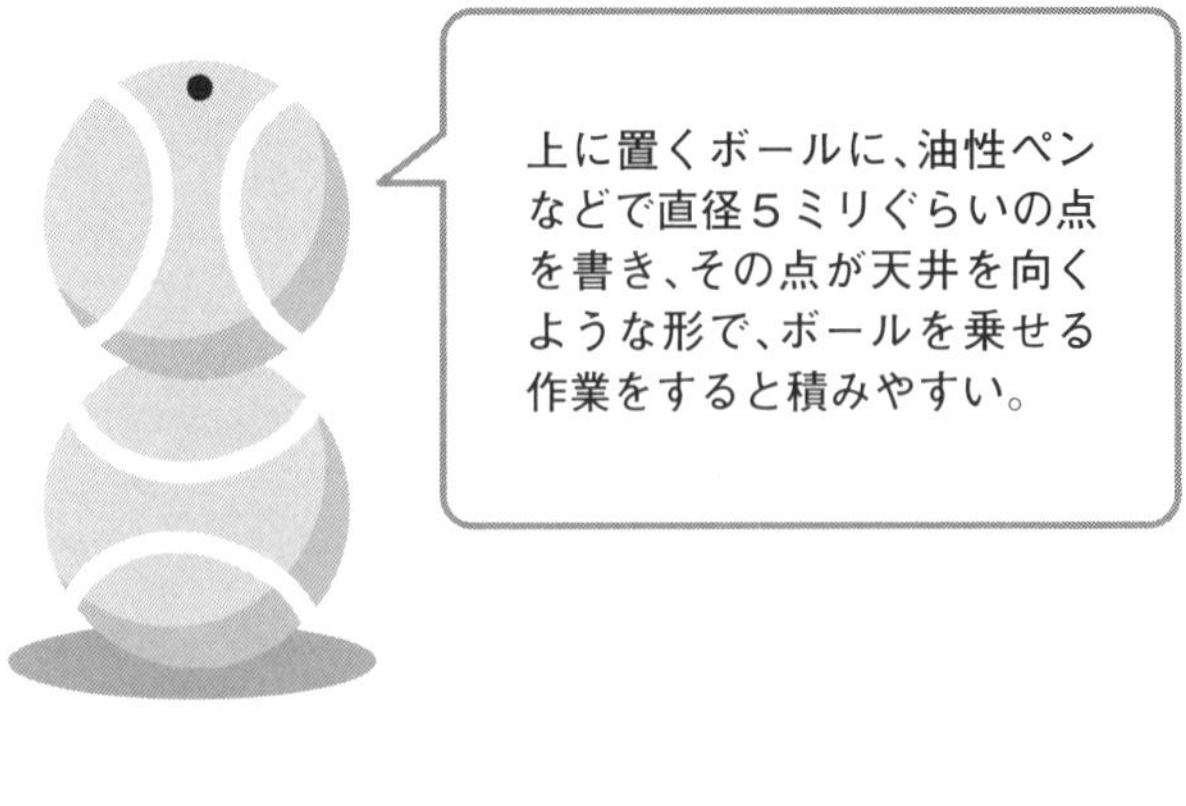
上に置くボールに、油性ペンなどで直径５ミリぐらいの点を書き、その点が天井を向くような形で、ボールを乗せる作業をすると積みやすい。

ボール積みで超集中状態を実現する

一方、ルーティンとして行なう際のポイントは、ボールを積んだときに、その時間がどれぐらい持続するかです。

これも私の経験則になりますが、集中が長続きしない人ほど、ボールを積むことに成功しても、そのボールがすぐに下に落ちてしまう傾向があります。

逆に、集中力が長続きする人というのは、いつまでたっても、ボールが下に落ちません。

つまり、ボールを積んだ際の持続時間というのは、そのまま集中力の持続時間に直結してくる傾向があるのです。

ですから、ルーティンとして行なう場合、ぜひボールの持続時間に着目してみてください。

この長さに関しては、だいたい1分間が目安になります。

時間が長ければ長いほど、安定してボールを積めているということであり、仕事や勉強により深く、そして長く集中することが可能になります。

くり返しますが、ボールを積めるということは、目の焦点がボールに合っているということ。

つまり、目の前の課題にしっかり集中できているということですから、その状態で、仕事や勉強を開始してください。

いつもより早く、深く集中できている自分を実感できるはずです。

集中〝できているか、できていないか〟を見える化する

ちなみに、ボールを積む際、もし成功したら、私はガッツポーズをすることをオススメしています。

小中学生の指導をしているとわかるのですが、「集中力がない」＝「成功体験がない」

ということが、往々にしてあります。

成功体験がないと、何をやっても、「どうせできないよ……」という感じでハナからあきらめてしまい、集中力を発揮することができなくなってしまうのです。

ですから、そうした子供たちには、まず小さな成功体験を積ませることが大切なのですが、テニスボールを2個積むというトレーニングは、小さな成功体験としては最適です。

このトレーニングが何よりも優れているのは、集中しているか、もしくは集中できていないかという点が、はっきり目に見える点です。

集中できているかどうかは、客観的に誰が見ても評価できる方法がほとんどなく、非常に漠然としていることが多いのです。

しかし、テニスボールを積む場合、**「ボールを積めた」＝「集中できている」**、「ボールを積めない」＝「集中できていない」ということが、子供の目で見ても、はっきりとわかるのです。

だからこそ、子供たちにこのトレーニングをさせる場合、「成功したら、必ずガッツポーズをしよう」と指示をしています。

ガッツポーズをすることで、「やればできるんだ！」という自信を持ち、集中力の強化につなげていくのです。

特に、小学生で勉強やスポーツ、友達関係で自信がない子供たちが、絶対無理と思っていたボール積みができたという成功体験で急に積極的に勉強を始めたり、目に力が宿り笑顔が増えてくるということがよくあります。

このワークを集中前のルーティンとして行なう場合、オフィスの机でガッツポーズするのは、なかなか難しいかもしれませんが、もしできる場合は、積極的に取り入れてみてください。

私のセミナーに参加したことがあるビジネスパーソンに話をうかがうと、「出社前に、家でボールを積んでから出社しています」という人や、「仕事を始める直前に机で行なう」という人が多いようです。

また、私が研修でうかがった古着のＦＣ店を全国に数十店舗展開している会社の本社では、毎朝朝礼でタイムを計測して、ボール積みを実践してくれています。社員全員の集中力を高めてから業務をスタートされているのです。

さらに、ボール積みを10年間指導してくると、大きく2つのタイプの人がいることがわかりました。ボール積みが成功するタイプは、

1「とにかくやってみよう」と考える
2 ゴールのイメージ（ボールの2個積み）がわいている
3 目の前の対象（ボール）に集中できている
4 素直に実践する

という特徴があり、一方、ボール積みがうまくいかないタイプの人は、

1「絶対に無理」と考える
2 ゴールのイメージ（ボールの2個積み）がわいていない

3 目の前の対象（ボール）に集中できていない
4 素直に実践しない

という特徴があります。このことから、ただのボール積みですが、実は人間がはじめてチャレンジする業務や課題への取り組みのプロセスと同じだということを感じています。

ぜひ、このワークを何かを始める前に実践し、成功プロセスを体得してください。

また、2個ボールを積むワークに慣れてきたら、これを3個に増やしてみてもいいでしょう。

3個のボールを積むのは、かなり難しくなりますが、これができるようになるということは、あなたの集中力が相当高まっている証拠になります。

手元にテニスボールさえあれば、机の上で簡単に実践できるので、トレーニングや集中前のルーティンとして、ぜひ実践してみてください。

感覚的に集中に入るための〝儀式〟の大切さ

さて、集中カードを使ったあとは、基本的に仕事や勉強に取り組んでいただいてかまわないのですが、実はその他にも、集中力を高めるための様々なルーティンがあります。

先ほど、五感の中で「8割の情報処理は視覚が行なっている」という話をさせていただきましたが、これは何も「視覚のみが重要である」ということを意味しているわけではありません。

なぜなら、集中力というのは、いわば「五感を一点に集める力」であって、それぞれの力が高まれば、当然、トータルとしての集中力も高まるからです。

プロ野球の世界では、2月や3月に、1年間を戦い抜く体づくりを目的とした「キャンプ」を実施しますが、キャンプの際、イチロー選手と記者たちの間で、こんな会話が交わされたことがありました。

「イチローさん、調子はどうですか？」

「そうですね。まだ、目でボールを見ているレベルですね。ボールをしっかり感じることができていません」

これはイチロー選手独特の言い回しで、少しわかりにくいかもしれませんが、要は「五感を使って全神経をボールに集中させることができていない」ということです。

おそらくイチロー選手の感覚では、バッティングは、ボールを視覚的に捉《とら》えるだけではダメなのでしょう。

ボールをバットで捉えるための視覚、聴覚、触覚などを一点に集中させることで、はじめて本来の力を発揮できるということなのだと思います。

それが、「ボールをしっかり感じることができていません」という言葉に凝縮されているのです。

集中カードによる集中法は、主に視覚を一点に集めることで、集中状態をつくり出す方法でした。

ですが、これ以外にも、触覚、嗅覚、味覚、聴覚といった様々な感覚を刺激しながら、集中に入っていくやり方があります。

ここでは、集中するためのルーティンとして、そうした様々な感覚を刺激する方法をご紹介しましょう。

イスに座って「3つの音」を探して集中力を生み出す

まずご紹介したいのは、聴覚を使った集中法です。

私が主宰していた学習塾を例に取ると、勉強している子供たちが「ああ、ダレてきたな」と感じる瞬間がありました。

長時間、勉強していることで、集中力が途切れてしまうのです。

そんなとき、私は子供たちの感覚をリセットし、再度勉強に集中してもらうため、いったん授業をやめ、床に座らせていました。そして、こう言います。

「まず、目を閉じて。目を閉じたら、聴こえる音を3つ探してみて。それができたら、手を挙げて」

このワークを終えてから、勉強を再開すると、子供たちは集中力を取り戻して、また勉強に集中できるようになります。

このワークには、いったいどんな意味があるのでしょうか。

まず、目を閉じるのは、視覚の情報をすべてシャットアウトし、音の情報、つまり、聴覚の情報だけに集中するためです。

たとえば、目の不自由な方の聴覚や触覚が、健常者の方よりもはるかに優れているというのは、よくあるケースです。

視覚から取れない情報をどこかで補い、他の感覚が研ぎすまされていくのでしょう。

これと同じように、**視覚からの情報を意識的に止めることによって、他の感覚に、より集中させることが可能になる**のです。

試しに目を閉じて、耳に入ってくる音だけに集中してみてください。

風の音、鳥のさえずる声、遠くで鳴る車のクラクションなど、目を開けているときには気づかなかった、様々な音を拾うことができます。

まずは、こうした音を見つけることに集中し、3つピックアップしてください。そして、3つの音を拾うことができたら、ゆっくり目を開けてください。

そのとき、あなたは聴覚に意識を集中させることで、集中力が高まっている状態をつくり上げています。

目を開けたら、そのまま仕事や勉強など、今やるべきことに集中しましょう。気分がリセットされ、より深い集中状態に入っていけるはずです。

もしあなたが4つの音がよければ、4つの音を拾うように変更していただいてもかまいません。

しかし、私の経験上、1つ、2つだと少なすぎて、集中しなくても音が耳に入ってきますし、**5つ、6つと増やしてしまうと、子供たちが「音がなかなか探せない……」と言って飽きてしまい、逆に集中力を欠いてしまう**ことがよくありました。

そのため、私は3つの音を採用しています。

私の学習塾では、あえて床に座ってリラックス状態をつくりましたが、この方法は自宅やオフィスの机でも、簡単に実行することができます。

たとえば、大事な電話をかけるとき、丁寧なハガキを書くとき、企画書を作成するとき、ミスがあってはいけない計算作業をするとき、仕事が多すぎてイライラして心が落ち着かないとき、クレームを受けた後に気持ちを落ち着けたいときなど、仕事や勉強を開始するときなどのルーティンとして、ぜひ取り入れてみてください。

音の刺激は〝遮断〟と〝リラックス〟の2つの効果がある

引き続き、聴覚を使った集中法をご紹介しましょう。

それは、音楽を活用することです。

ところが、「集中のために音楽を活用しましょう」と言うと、「音楽なんて集中の邪魔にしかならないよ」と拒否反応を示す人もいるでしょう。

子供の頃、音楽をかけたり、テレビをつけたりしながら勉強していると、「静かに集中しなさい！」と怒られた経験のある人もいらっしゃると思います。

実は、音楽の効果については、人によって様々です。

静かな環境でないと集中できない人がいる一方で、逆に喫茶店など、人の声で騒がしいほうが集中できるという人もいます。

私の場合、気持ちを高めて集中するために、葉加瀬太郎さんの「栄光への道」という曲をよく利用していますが、逆に「音楽は邪魔」という人もいらっしゃることでしょう。

ですから、集中のために、無理に音楽を活用する必要はありませんが、音楽には一定の集中効果があることもわかっています。

音などの外的な刺激をできる限り遮断した場合、人間の心身にどのような影響を与えるのか。

これを調べるため、アメリカの心理学者であるジャック・ヴァーノンらのグループが、ある実験を行ないました。

光と音が完全に遮断され、五感への刺激がほとんどない部屋に学生を住まわせ、彼らがどのような行動を取るのか、調べたのです。

すると、被験者の学生たちは、部屋に入ってもやることがないため、まずは寝てしまいました。ですが、睡眠を十分に取って起き上がると、今度はどんどん落ち着かなくなります。

そのうちに、手を叩いたり、歌を歌い始めたりします。五感に全く刺激がなくて落ち着かないため、自ら刺激をつくり出そうとするのです。

しかし、それも長続きせず、結局は2日間ぐらいでギブアップしてしまったそうです。

この実験が物語っているのは、人間はある程度の外的な刺激がないと、精神的にリラックスできないということです。

つまり、音などの外的な刺激は、集中のためのリラックス状態をつくるために、一定の効果があるのです。

また、最近では、集中できる音として、「雨の音」が人気を博しているようです。

なぜ、雨の音を聞くと、集中力が高まるのでしょうか。

その理由を、知り合いの大学病院の先生にうかがったところ、「脳が雨の音を雑音として遮断《しゃだん》しようとするため、かえって目の前のことに集中できるようになるのではないか」とのことでした。

このように周りが騒がしいと、その騒音から身を守ろうとして、かえって集中力が高まることがあります。

おそらく騒がしい喫茶店のほうが集中できる人というのは、このメカニズムで、逆に集中することができているのでしょう。

そうした効果で集中力が高まるという人は、集中のために音楽を利用しない手はありません。

くり返しますが、音楽の効果は人によって、それぞれ違います。

無理に音楽を活用する必要はありませんが、「音楽があったほうが集中できる」という人は、音楽を積極的に活用しましょう。

たとえば、集中のためのルーティンとして、**「この音楽をかけたら、集中できる」**

という自分のテーマ曲をつくるといいでしょう。

もしくは、仕事中に**アップテンポの曲**をかけ、自分を盛り上げて、積極的にリズムを変えてみてもいいかもしれません。ぜひ、いろいろと工夫してみてください。

ツーンとくる香りを嗅ぐ驚きの効果

さて、次は嗅覚を使った集中法をご紹介します。

「集中のために、香りを活用しましょう」と言うと、おそらく「アロマテラピー」を思い浮かべる人も多いのではないでしょうか。

アロマテラピーに代表されるように、香りにリラックス効果や集中効果があるのは、よく知られていることです。

ここで、「鼻から脳にどう香りが伝わるのか」「なぜ、香りにリラックス効果や集中効果があるのか」について、簡単にご説明しましょう。

人が香りを嗅ぐと、鼻の奥（鼻腔）の上部にある「嗅上《きゅうじょう》皮《ひ》」といわれる部分に成分が付着します。

そこで香り成分が電気信号に置き換えられ、脳の「大脳辺縁系《だいのうへんえんけい》」に伝わります。

では、「大脳辺縁系」とは何でしょうか。

脳と香りの関係を説明するため、ここで簡単に脳の説明をさせていただきます。


人間の脳は、主に「脳幹・脊髄《せきずい》系」「大脳辺縁系」「大脳新皮質系」の3つの部位に分けられますが、これらはそれぞれに役割があります。

たとえば、「脳幹・脊髄系」は呼吸や体温維持など、生命の維持に重要な役割を担っています。

一方、「大脳新皮質系」は、知覚、認知、思考といった知的機能を担っています。

では、「大脳辺縁系」は、どのような役割を担っているのでしょうか。

実は、大脳辺縁系は、喜怒哀楽の感情や食欲や性欲といった本能をコントロールする役割を担っています。

喜怒哀楽の感情というのは、従来は心理学で扱ってきた分野でした。

しかし、大脳生理学の発展によって、最近では脳と心の関係が明らかになってきています。

たとえば、「脳に損傷を受けた人の人格が変わってしまう」というケースが数多く報告されていましたが、これは従来の心理学では、説明がつかない現象でした。

しかし近年の研究によって、人間の喜怒哀楽といった感情は、大脳辺縁系の働きに深く関係していることがわかってきたのです。

さて、ここまでをご理解いただいたうえで、話を戻しましょう。

人が香りを嗅ぐと、その成分は電気信号に置き換えられ、脳の「大脳辺縁系」に伝わります。

先ほどもご説明した通り、大脳辺縁系は喜怒哀楽の感情を司る部分です。

ここで、「いい香りだな」と判断されると、その判断は「視床下部《ししょうかぶ》」に伝えられます。

視床下部は、自律神経をコントロールしたり、体温やホルモンの調節をしたりする大事な部位です。

このように香りは心だけでなく、体にも影響を与えていくのです。

ここまでご理解いただければ、**香りによって、心身をリラックスさせたり、集中力を高めたりするのが可能である**ことがおわかりいただけるでしょう。

では、実際にどんな香りを利用すればいいのでしょうか。

私がオススメしているのは、心地よく感じる香りよりも、多少、鼻にツーンとくるような香りを利用することです。

たとえば、レモンやオレンジなどの柑橘《かんきつ》系、ローズマリーやペパーミントなどのハーブ系の香りを利用するといいでしょう。

これは実際に、オリンピック級のウエイトリフティングの選手や体操の選手なども活用している方法ですし、私自身も実践しています。

「さあ、これから仕事だ」「さあ、これから勉強だ」というときに、これらの香りを嗅ぎ、集中力を高めてみてください。

この方法は、携帯用のアロマオイルなどを持っていれば、外出先やオフィスの机などでも簡単に実践できます。

集中のためのルーティンとして、ぜひ活用してみてください。

アイデア出しの仕事に向かう前は「間違い探しドリル」をするに限る

さて、集中力を高めるルーティンとして、五感を使った方法とは別のやり方もご紹介したいと思います。

自宅やオフィスの机で、簡単に実践できる方法です。

一言で「仕事」と言いますが、仕事には、実に様々な種類があります。

ざっくり言うと、たとえば、あまり頭を使わないような単純作業がある一方、頭を使い、アイデアをひねり出さなければならないような仕事もあります。

実は、これらを同列に考えてしまうと、仕事に集中することが難しくなってしまいます。というのも、人間は単純作業ほど、集中しやすい傾向があります。

逆に、企画や創作活動など、アイデアを出さなければならない仕事は、頭を使わなければいけませんから、仕事を始める前に、「めんどくさいな……」となってしまう可能性が高い。結果として、集中できなくなってしまうのです。

では、頭を使うような、骨の折れる仕事に集中するためには、いったいどうすればいいのでしょうか。

それは、**仕事を始める前に、単純作業をすること**です。

まずは単純作業に集中し、集中しやすい環境をつくってから、より難易度の高い仕事にチャレンジするのです。

私は、集中するためのルーティンとして行なっている作業があります。

それは、仕事の前に、1枚のハガキを書くことです。

ハガキを書くことで、集中力を高めるのです。

ハガキを書くという単純作業を行なうことで、集中力を高め、大事な仕事に対する準備を行なっています。

中には「ハガキを書くのはめんどくさい」という人もいらっしゃるでしょう。

そんな人にオススメしたいのは、間違い探しドリルや漢字ドリルなどを活用する方法です。

簡単なものでかまいませんので、まずは間違い探しドリルや漢字ドリルを買ってきてください。

そして、仕事の前に1問、もしくは1ページ解いてから、仕事を始めてみましょう。

何もやらないときよりも、より仕事に集中できることが実感できるはずです。

間違い探しドリルや漢字ドリルを解くことで、簡単な頭のトレーニングにもなりますから、一石二鳥の方法です。

まずは単純作業から始めて、集中に入る。

シンプルですが、集中力を高めるルーティンとして、効果的な方法です。時間のある方は、ぜひ実践してみてください。

集中力を高める「To Doリスト」作成法

引き続き、集中力を高める仕事術について、お話しします。

Concentration!

私が集中力を高めるためにオススメしているのは、「Ｔｏ Ｄｏリスト」を作成することです。

ご承知の通り、Ｔｏ Ｄｏリストというのは、「これからやるべきこと」をリスト化したものです。

「Ｔｏ Ｄｏリストですか？ そんなもの、とっくに作成していますよ」

そうした人がいらっしゃるかもしれませんが、ちょっと待ってください。

実は、Ｔｏ Ｄｏリストというのは、「効果的なリストのつくり方」があります。

ひょっとしたら、あなたのリストのつくり方は、あまり効果的ではないかもしれません。

通常、Ｔｏ Ｄｏリストというのは、「何時から」「何時までに」「何をやるべきか」を書き込みます。

たとえば仕事で言えば、「11時30分からプレゼン資料の作成を始める」とか、「19時までに営業日報を完成させる」といった具合です。

しかし、この方法には、大きな欠点があります。

たとえば、11時30分からプレゼンの資料を作成しなければならないのに、11時25分に取引先から電話がかかってきたとしましょう。

この会話に10分かかったとすると、プレゼンの作成時間も5分減ってしまうことになります。

また、仕事の場というのは、突発的な出来事が起こることも日常茶飯事です。

急な仕事が入った場合、作業や手配などに追われて、ＴｏＤｏリストで決めた「何時までに何をやる」という予定を守れなくなってしまうかもしれません。

そうしたことが続くと、「ＴｏＤｏリストなんて、つくっても意味がない」という形で、リストをつくること自体を放棄してしまうことになりがちです。これでは、元も子もありません。ＴｏＤｏリストのせいで集中力が下がってしまいます。

一方、私が提唱しているのは、時刻ではなく、時間を書く方法です。

通常、ＴｏＤｏリストは「何時から」「何時までに」「何をやるべきか」を書き込みますが、そうではなくて、**「やるべきこと」と「その仕事にかける時間」**を書き込むのです。

「プレゼン資料の作成」＝「50分」、「営業日報の作成」＝「30分」という具合に、何分以内、もしくは何時間以内に終わらせるかを決めます。

この方法だと、「何時〝から〟〝までに〟」という時刻に縛られることがなくなります。たとえば、取引先から急に電話がかかってきたとしても、その時間をあとで差し引けばいいだけですから、なんら問題はありません。

さらに、この方法が優れているのは「スキマ時間」も有効に活用できることです。

急に1時間、予定が空いてしまった……。

そんなときに有効なのが、この方式のＴｏ Ｄｏリストです。

このＴｏ Ｄｏリストさえあれば、突発的に時間が空いてしまったとしても、すぐに対処できます。

「あと1時間あるから、20分かかる仕事と40分かかる仕事を片づけてしまおう」という形で、高い集中力でスキマ時間をうまく活用することができるのです。

「やるべきことを視覚化させたほうが集中できる」という人は、時間の活用という観点からも有効な手段なので、ぜひ習慣として取り入れてください。

集中力を高める「To Doリスト」のつくり方

○月○日（○曜日）	企画書作成	30分
	契約書作成	15分
	プレゼン用資料作成	20分
○月○日（○曜日）	⋮	⋮
⋮		

開始や終了の時刻ではなく、
何分間（何時間）で行なうのかを書き込んでいく。

「こうすれば集中できるんだ！」を体験する

集中の前のルーティンに関しては、以上になります。

いかがでしょうか？

おそらく、いくつかは「これなら実践できそうだ」と感じるものがあったと思います。

机に向かって、すぐに集中するためのルーティンとして、**「姿勢を正す」**→**「リラックス」**→**「集中カード」**の流れは必須です。

これ以外の方法に関しては、自分の好みやルーティンに割ける時間を考慮して、取捨選択を行なってください。

たとえば、音楽が好きな人は音楽を活用すればいいですし、アロマテラピーなどが好きな人は香りを利用すればいいのです。

すべてを実践する必要はありませんので、いろいろ試してみて、自分に合う方法を見つけてみてください。

これらの方法を実践していくと、あなたにも**「こうすれば集中できるんだ」というコツをつかめる日が必ずやってきます。**

「集中のコツ」をつかむことができると、あなたが本来持っている集中力を、仕事や勉強でいかんなく発揮できるようになります。

ぜひあきらめず、継続して、本章でご紹介した方法を実践してみてください。

「五感を刺激しながら、集中に入っていく方法はよくわかりました。でも、この中に、味覚を刺激する方法がなかった気がしますが……」

おっしゃる通りで、集中前のルーティンとして、味覚を刺激する方法はありませんでした。

もちろん、味覚を刺激し、集中力を高める方法もあります。

それは第4章でご紹介しますので「集中力を高めるための日々の習慣」として、ぜひ取り入れていただければと思います。

本章では、「さあ、これから仕事をするぞ」「さあ、これから勉強するぞ」「さあ、これから本番だ」といったときに、集中状態に入っていくためのルーティンをご紹介しました。

実は、この他にも日々の習慣として取り入れていただくことで、集中力を高め、持続させる方法がたくさんあります。

もちろん、その中には、味覚を刺激する方法も含まれます。

日々の習慣として、いったいどのようなものを取り入れていけばいいのでしょうか。

次の最終章では、あなたの日々の習慣に取り入れていただきたい集中力アップ法を、効果の高いものに絞ってご紹介します。

第4章

10年間の指導結果からわかった「集中時間」を引き延ばすコツ

日々の〝ちょっとした習慣〟で集中力は底上げされる!

〝ちょっとした習慣〟で集中の持続時間は延ばせる

本章では、あなたの日々の習慣に取り入れていただきたい**「集中力強化法」**や**「集中するための環境のつくり方」**などをご紹介します。

これを行なうことで、あなたの集中力のベースを底上げできるので、今までよりも長い時間、集中力を持続させることができるようになります。

机に向かってすぐに集中する技術を身につけたら、次はさらなるレベルアップを図りましょう。

つまり、集中力を持続させる力を身につけるということです。

前章でご紹介した「集中前のルーティン」と同様、すべてを実践する必要はありません。

子供たちへの指導、ならびに社会人向けの研修で好評だった方法のみをご紹介しますが、ぜひ自分の好みで取捨選択をしていただければと思います。

ご飯はガバッとすくわないこと！

それでは、早速ですが、味覚を使った集中力強化法をご紹介しましょう。

あなたは普段、白米をどのように食べていますか。おそらく、箸《はし》でガバッとすくって、塊《かたまり》を口の中に放り込んでいるのではないでしょうか。

もちろん、こうした食べ方をするのが普通なのですが、集中力の強化という観点から、食べ方を少しだけ変えてみましょう。

私が提唱しているのは、「ご飯を1粒ずつ食べましょう」ということです。

「ご飯を1粒ずつですか？　それだと、食べ終わるのに何時間かかるかわかりませんよ！」

そのように怒られてしまうかもしれませんが、1粒ずつ食べるのは、**はじめの5粒だけ**でかまいません。

はじめの5粒を1粒ずつ箸でつまんで、味わって食べてみてください。

普段、ご飯を食べるときには、テレビを見ながらだったり、明日の仕事を考えながらだったりして、なかなか食べることに集中していません。

私も学生の頃や、会社員時代はそうでしたが、特に日曜の夕食時には、明日からの学校や会社のことで意識が未来の不安へ集中してしまっていました。明日のことをクヨクヨ考えるより、今、目の前のご飯を食べることが明日へのベストな準備だとわかっていてもです。

しかし、今、目の前にあるお米を1粒ずつ食べるということは、自然とそのお米1粒に集中せざるをえません。

結果、「お米ってこんなに甘いんだ」という具合に、ただ漠然と食べていたときには気づかなかったようなことに、気づくこともできるようになります。

さらに感性が磨かれていくと、「あれ、今日のお米は少し違うぞ」という感じで、ちょっとした違いに気づくことができるようになります。

実は、この方法は味覚だけでなく、その他の感覚を鍛えることもできます。

たとえば、お米1粒を取るためには、まずは、そこに視点を集中させなければなりません。

このことで視覚を強化することができますし、お米1粒1粒を箸でつまむための感覚、つまり触覚も必要になってきます。

また、お米1粒を味わうためには、味覚だけでなく、匂い、つまり嗅覚も必要になります。

このように、お米1粒を味わって食べるというのは、味覚だけでなく、視覚、触覚、嗅覚などをトータルに強化することができるのです。

私は、参加者と一緒に宿泊する形の企業研修やスポーツチームの合宿で指導を行なうときは、このお米を1粒ずつ食べる習慣を身につけるよう食事中に指導しています。

特に、**集中力を身につけるためにはいかに日常生活の中の一部に、トレーニングを組み込ませて習慣化するかがポイント**になります。

その点、このワークは、1日3回必ず食事をしますので、自然と感覚を一点に集める力が身につきます。

五感を鍛えれば鍛えるほど、トータルとしての集中力は高まりますので、お米1粒を食べる習慣を、ぜひ日々の中に取り入れてください。

「眼球スピードトレーニング」で頭の回転を速める!

続けて、集中力を強化する方法をご紹介しましょう。

前章で「目のストレッチ運動」をご紹介しましたが、これはその応用編で「眼球を動かすスピードを上げるトレーニング」です。

先ほど、テニスボールを2個積むトレーニングのところで、1分間で5回積むという方法をご紹介しました。

なぜ、短い時間で5回もくり返すのかといえば、それは頭の切り替えを早くするためでもあります。

私の経験則では、頭の切り替えが早い人ほど、集中状態に入るまでの時間が短く、より集中の度合いを深めることができています。

これからご紹介する「眼球を動かすスピードを上げるトレーニング」も、頭の切り替えを早くし、集中力を高めるためのエクササイズになります。

人間は情報処理の約8割を目で行なっていますから、目のスピードを上げることで情報処理のスピードを高め、頭の回転のスピードも早めることができるのです。

これは机でも簡単に実践できるトレーニングですから、前にご紹介した「目のストレッチ運動」と同様に、ぜひ日々の習慣に取り入れてみてください。

それでは早速、やり方をご紹介しましょう。

まずは**両手の親指を立てて、左手の親指は左目の前、右手の親指は右目の前に置きます。**

左手と右手の間隔は、人によって異なりますが、だいたい30センチ程度でいいでしょう。

さて、両手の親指を両目の前に置いたら、次は**両目の焦点を、まずは右の親指に合わせてください。**

これができたら、次は**左手の親指に、両目の焦点を合わせます。**

このワークを5～10往復ほど、くり返し行なってください。

この際の注意点は、顔は固定して、決して動かさないということです。顔が左右に動いてしまうと、目の運動になりません。

このエクササイズの主眼は、眼球を動かし、そのスピードを上げることにありますから、まずは顔を固定しましょう。

そして、しっかり眼球が動いていることを実感しながら、エクササイズを行なってください。

次に、**上下に両目の焦点を動かすトレーニング**をご紹介します。

先ほどと同様に、両手の親指を立て、今度は右手を上、左手を下に親指を水平にして約30センチ離します。このときに、右手の親指は左を向かせ、左の親指は右を向くようにしてください。

そして、まずは両目の焦点を上の右手親指に合わせ、次に下の左親指に両目の焦点を合わせます。このワークを5～10往復ほどくり返し行なってください。

最後は、**前後に両目の焦点を動かすトレーニング**です。両手の親指を立てて、右手を40センチほど前に、左手を目の前10センチのところに固定します。次に両目の焦点をまずは右の親指に、次に左手の親指に合わせます。

このワークを5〜10往復ほどくり返し行なってください。

この前後の焦点を合わせるワークは、パソコンの画面や本の文字にピントが合いにくくなった人にもオススメです。

また、私は野球の指導も行ないますが、バッティング時など手前に向かってくるボールにピントが合いやすく、ヒットが打ちやすくなります。

以上、左右、上下、前後と眼球を動かすスピードを上げるトレーニングを行ない、頭の切り替えを早くして、集中力を高めてください。

自然と周辺視野が広がり、たとえばお店のスタッフがお客の存在に気づきやすくなったなどの報告もあります。

もうひとりの自分に行動を実況中継させる

次は「視点を変える」という観点から、お話ししたいと思います。

運転をする人はおわかりになると思いますが、運転初心者の特徴として挙げられるのは、**「視野が狭い」**ということです。

運転に慣れていないため、緊張してしまい、視野が狭くなって、前しか見えなくなってしまうのです。

この状態だと、横の路地から人や自転車が出てきた場合、それが目に入らないこともあります。

とっさのことに対応できず、事故を起こす可能性が高まってしまいます。

これに対し、運転が上手な人というのは、前を見つつも、全体を俯瞰《ふかん》して眺めることができています。

だからこそ、路地から急に子供が飛び出してきたとしても、対処しやすく、事故を起こす可能性は低いと言えます。

このように、同じ集中している状態でも、リラックスできず、視野が狭くなるような集中は、よい集中状態とは言えません。

では、運転が上手な人のような「全体を俯瞰する視点」を持ちながら、目の前に集中するには、いったいどうしたらいいのでしょうか。

視野を広げる方法として、「目のストレッチ運動」をご紹介しましたが、ここでは**「視点を変える」という観点から、視野を広げ集中できる方法**をご紹介しましょう。

たとえば、優秀なサッカープレイヤーというのは、プレイヤーとしての目線だけでなく、監督やコーチの目線からも、ゲームを眺めることができます。

さらに言うと、上空からゲームを眺めるような、全体を俯瞰できる能力も持っています。

「なるほど。じゃあ、常に上空から、ゲーム全体を眺めているイメージを持って、サッカーをやればいいんですね」

そのように思われるかもしれませんが、これを実行するのは、並大抵のことではありません。

実際、こうした視点を持ちながらサッカーができるのは、世界の一流選手の中でも、ごく一部だけです。

では、一般の人がこうした視点を持つためには、いったいどうしたらいいのでしょうか。

その手始めとして、ぜひやっていただきたいのが、**「自分の行動を実況中継する習慣」**を持つことです。

デスクワークをしている際に、「今、集中して、企画書の作成をやっています」といった形で、自分の行動を心の中で実況中継してみてください。

これをやることで、自分を客観視することができます。

自分を客観視するということは、とりもなおさず、**自分の外に「もうひとつの視点」を持つ**ということです。

慣れてくると、自分の頭の上から、自分を眺めているようなイメージが持てるようになります。

視野を広げ、かつ、集中状態を維持するために、目のストレッチ運動だけでなく、自分の行動を実況中継する習慣も、ぜひあなたの生活に取り入れてみてください。

昨年より、自分のラジオ番組を持つことになり、30分間ですが、マイクの前で話を

しています。実際に番組を持つと、

「○○分○○秒まで開始のあいさつ」

「○○分○○秒までゲストと会話」

「○○分○○秒まで今日の一曲」

「○○分○○秒までまとめ」

という秒単位のタイムスケジュールを常に意識しながら、トークに集中しなければなりません。今、私もラジオ番組をやらせていただきながら、全体を俯瞰しながらマイクに向かって話をするという集中力トレーニングをしているのです。

人と話すときには〝相手の片目〟を見つめる

外出先でも簡単にできるトレーニングをご紹介しましょう。

たとえば、営業の取引先の人が目の前にいるとします。

あなたは、相手のどこを見て話をしますか？　目でしょうか？　それとも、顔を漠然と見ながら話をしていますか？

子供の頃、親や先生からはよく「相手の目を見て話をしなさい」と言われたと思います。

もちろん、相手の目を見ることは大切なのですが、目は当然のことながら、2つあります。

人間は2つのものに焦点を合わせることは難しく、相手の目を見ようとすればするほど、焦点が合わなくなってしまいがちです。

また、「相手の顔色をうかがってしまい、どうしても言いたいことが言えない……」という経験を、あなたもお持ちなのではないでしょうか。

では、この欠点を克服するためには、いったいどうしたらいいでしょうか？

以前、私は外資系のMRの人々に研修を行なったことがあります。

MRというのは、「Medical Representative」の略で、簡単に言うと、医薬品メーカーの「薬の情報提供者」です。

情報を提供する相手は、お医者さんになりますので、大学の偉い先生などが取引先ということになります。そこで、以下のような相談を受けました。

「相手が偉い先生なので、どうしても緊張してしまって、うまく話せないんですよね……」

「そうですか。ちなみに、相手のどこを見て話をしていますか?」

「どこって言われても……。緊張していて、よく覚えていません」

通常、人と話をするときは、相手の表情を見て話します。このとき、偉い先生や初対面の人、怖い上司だと、どうしても萎《い》縮《しゅく》してしまい、思っていることをなかなか口に出して言えない状況に陥ります。

そこで私が提案したのは、**「相手の片目を見て話をする」**ということです。

はじめは片目だけを見ることに違和感がありますが、普段から、片目だけに焦点を絞れば、焦点が格段に合いやすくなります。

結果、相手と話をすることに、より集中することが可能になるのです。

効果はテキメンでした。後日、「全く緊張せずに、自分の言いたいことを伝えられるようになりました」というメールをいただきました。

その後、営業成績をグングン伸ばしているそうです。この方法は、営業先だけでなく、様々な場面で使えます。

「好きな人の前だと、どうしても緊張してしまう……」

「面接でうまく話せない……」

「これからプレゼンだ。どうしよう……」

そうしたときは、ぜひこの方法を実践してみてください。

相手と話をすることに集中できるだけでなく、集中力を強化させるいいトレーニングになりますので、ぜひ日々の習慣に取り入れてみてください。

朝の運動で「頭」と「体」を冴えさせる

次は、集中をするための「体のつくり方」という観点から、いくつかお話ししましょう。

私は毎朝、ジョギングをしているのですが、その目的は2つあります。

ひとつは、**体力強化のため。**

もうひとつは、**集中力強化のため**です。

なぜ、ジョギングが集中力の強化に効果があるのでしょうか。

ちなみに、あなたは「マフェトン理論」をご存じでしょうか？

これはフィリップ・マフェトン博士が提唱したマラソンやトライアスロンにおける持久力の強化理論で、有酸素運動を中心としています。

有酸素運動というのは、簡単に言うと、「体に負担のかからない運動」で、エアロビやジョギングなど、息が上がらない運動のことを指します。

このマフェトン理論によると、「170〜180」から「自分の年齢」を引いた数字プラスαが、効率よく、全身に酸素が回りやすい心拍数とされています。

たとえば、あなたが40歳であれば、130〜140前後がちょうどいい心拍数ということになります。

ジョギングで、この心拍数まで上げると、あなたの体には、いったい何が起こるのでしょうか。

まず、効率よく全身に酸素が回るようになるため、脳の働きが活発化します。これは、そのまま集中力に直結してきます。のみならず、心肺機能が高まり、基礎体力がつきます。**基礎体力の強化も、実は、集中力にとっては欠かせません。**

私が最近のビジネスパーソンや子供たちを見ていて思うのは、姿勢が悪いだけでなく、とにかく体力がないということです。

座っていても、すぐに「疲れた……」と言って、集中力が長持ちしません。集中力を持続させるためには、やはり基礎的な体力が不可欠なのです。

運動には、血の巡りをよくして脳を活性化させるだけでなく、体力を強化する側面もあります。

つまり、運動習慣を持つというのは、「集中力の強化」という観点で見ると、一石二鳥の方法なのです。

では、運動はいつ行なえばいいのでしょうか。

基本的には、いつでもかまわないのですが、個人的には、朝が最も効率的だと考えています。

仕事の前に血流をよくし、脳の働きを高めたうえで仕事に臨む。運動後、シャワーを浴びれば、リラックス効果も得られ、気持ちよく出社できるでしょう。

こうした習慣は、集中力の強化に、非常に効果的です。

とかく運動経験がある人ほど、「自分を追い込まなければ、意味がない」と考えがちです。

ですが、「集中力の強化」という観点で言えば、息が上がってしまうほどの運動を行なう必要はありません。

エアロビ、ジョギング、ウォーキングなどを、1日20〜30分程度、行なっていただければ十分でしょう。

あなたが40歳だとすると、中には、「心拍数130〜140の運動量が、どの程度かわからない」という人がいらっしゃるかもしれません。

そうした人は、最近では、走りながら心拍数を測定する時計型の機器も販売されていますから、利用してみてもいいでしょう。

ぜひ、運動習慣をあなたの生活の中に取り入れてみてください。

「15分仮眠」でリフレッシュする

次は、集中力を持続させるための簡単な方法をご紹介しましょう。

通常、人間は、ずっと集中し続けることはできません。集中したら、それをどこかで緩めてあげなければいけません。

つまり、集中するのは、とても大切ですが、同時に**「いつ休むか」をあらかじめ考えておくこと**も、それと同じぐらい重要なことなのです。

では、どのように休息すればいいのでしょうか。私がオススメしているのは、仮眠の習慣を持つことです。

最近では、学校などでも、勉強の効率を上げるため、仮眠の習慣を取り入れるところが多くなってきました。

以下は、2015年12月2日付の読売新聞に掲載された「学校で昼寝『効果絶大』」

という記事です。

抜粋させていただきますので、まずは読んでみてください。

「最近、昼寝をする学校が増えています。11月17日、宮城県の大和《たいわ》町立吉岡小学校を訪ねると、『電気を消して下さい』の放送に続いてモーツァルトの曲が流れ始めました。

午後1時10分、『午睡《ごすい》タイム』のスタートです。薄暗い教室で先生も児童も机に突っ伏しています。スヤスヤと気持ちよさそうに寝息を立てている子もいます。『お昼寝終了です』。15分後、みんな元気いっぱいに起き上がりました。

4年の山野川琴子さん（10）は『前は5時間目が眠かったけど、今は平気』。上田直哉君（10）も『帰るまですごく元気です』と、すっきりした様子でした。

同校が昼寝を取り入れたのは昨年6月。開始直後と今年1月に5年生にアンケートを取ると、午後の授業が『眠くない』と答えた人の割合が47％から55％に増加。

1か月間の保健室の利用人数も、昼寝を始める前の昨年5月の115人から、今年の2月には31人まで減りました。角田研校長（58）は『昼寝を始めてから、児童間のトラブルやケガをする児童が減りました。たった15分でも効果は絶大。もっと広めていきたいです』と話しています。地域の別の小中学校や高校にも、昼寝を取り入れるように働きかけているそうです」

いかがでしょうか？

同記事によると、NHK放送文化研究所の調べとして、日本人全体の平均睡眠時間が減っていることも紹介されています。

1960年の平均睡眠時間が8時間13分だったのに対し、2010年は7時間14分とのこと。

つまり、この50年間で、日本人の平均睡眠時間は、約1時間近く減少しているのです。

これが、集中力に影響を与えないはずがありません。

吉岡小学校の仮眠は15分とのことでしたが、**仮眠は15分がミソ**です。これ以上、寝てはいけません。

これはいったい、なぜなのでしょうか。

少し専門的な話をすると、人間の睡眠には、「レム睡眠」と「ノンレム睡眠」の2つがあります。

簡単に言うと、レム睡眠は浅い睡眠で、ノンレム睡眠は深い睡眠になります。たとえば、寝ている間に、夢を見ることがあると思いますが、それはレム睡眠時、つまり、浅い睡眠のときになります。

さて、ここまでを理解していただいたうえで、なぜ仮眠で15分以上寝てはいけないのか、その理由をお話ししましょう。

それは15分以上寝てしまうと、ノンレム睡眠、つまり深い睡眠に入っていってしまうからです。

たとえば、仮眠で30分ぐらい寝てしまうと、深い睡眠に入っていってしまうため、逆に起きるのがつらくなります。

仮眠の効用は、起きたときの「スッキリした」という気分のはずですが、30分寝てしまうと、それが「何だかだるい……」に変化してしまうのです。

こうなってしまうと、仮眠はかえって逆効果です。

仮眠のいいところは、1日何回取ってもかまわないというところです。

昼寝に代表されるように、「仮眠は1日1回まで」と思い込んでいる人が多いのですが、決してそんなことはありません。

「疲れたら仮眠を取る」、もしくは「1日何回、この時間は仮眠を必ず取る」と決めて、こまめに仮眠を取ってください。

できるビジネスパーソンの中には、昼休みに短い仮眠を取る人が多くいます。ご飯を食べた後に仮眠をするのは誰にでもできることです。

集中力を持続させるためには、体を休める習慣を持つことも大切です。

余計な情報を遮断するために〝ブリンカー状態〟を演出する

次は、集中するための「環境づくり」について、お話しします。

人間は環境の影響を大きく受ける生き物ですから、どのような環境をつくるかというのは、非常に大事です。

とはいえ、自宅の机ならまだしも、オフィスの机の環境を変えるというのは、容易ではありません。

そもそも、オフィスの机というのは、あなたのものではありませんし、他に働いている人もいますから、勝手に模様替えをするのは、なかなか難しいでしょう。

そんなときでも、簡単に環境を変えられる方法をご紹介します。

学習塾で子供の指導をしていた経験から、落ち着かない子供というのは、視点を一点に集中できず、あちこちに視線がいってしまいがちです。

それを一点に集中させるための方法論としてご紹介したのが、「集中カード」を使ったやり方でした。

実は、これ以外にも、子供の視線をあちこちにさまよわせない方法があります。

それは、**机に「しきり」をつくること**です。

くり返しますが、人間は、環境に大きな影響を受ける生き物です。

何かに集中できないと、多くの人は「自分はなんてダメな人間なんだろう……」と自分を責めてしまいがちですが、その前に、まずは自分の置かれている環境を疑ってみてください。

あなたが置かれている環境は、本当にあなたが集中するためにふさわしい環境でしょうか。

ちなみに、私の学習塾では、一つひとつの机をパーテーションで区切り、集中しやすい環境をつくっていました。

視線があちこちさまよわないように、パーテーションで机を区切り、余計な情報が入ってこないように工夫しているのです。

「机にしきりをつくることで、余計な情報が入らなくなり、集中力が高まることは理解できました。でも、オフィスで自分勝手にしきりをつくることはできません。そうした場合は、いったいどうしたらいいのでしょうか?」

そうした場合に関しては、2つの方法があります。

ひとつは、**本などを積み重ねて、「意識上のしきり」をつくること。**

もうひとつは、**両手で左右の視野を遮り、余計な情報が入らないようにすること**です。

順番に説明しましょう。

オフィスで、しきりをつくることが不可能であれば、まずは本などを積み上げて、「仮のしきり」をつくってみてください。隣の机が目に入らないぐらいの高さまで本を積み上げることができれば、理想的です。

もし難しい場合は、数冊でもかまいませんので、本を積み上げてください。

視線を遮ることはできませんが、それでも本を積み上げ、「心理上のしきり」をつくることで、一定の効果は得られます。

もしくは、短時間で結構ですので、両手で左右の視野を遮り、余計な情報が入らないようにしてみてください。

競馬の世界では、競走馬をレースに集中させるため、「ブリンカー」と呼ばれる視野が狭くなる遮眼革をつけることがありますが、要領はそれと同じです。

もちろん、両手で左右の視野を遮ったまま仕事をすることはできませんから、「集中したいな」とか、「少し気分を変えたいな」と思うときに、5～10秒、随時行なってみてください。

このワンアクションを入れる習慣を持つだけでも、集中力を高めることができます。

くり返しますが、集中するためには、自ら環境を整えることも大切です。

ぜひ、「しきり」をつくることを実践してみてください。

シリコンバレー式「スタンディングデスク」のススメ

さて、ここからは「集中力を高める仕事術」という観点から、お話ししましょう。

ぜひ習慣として取り入れてみてください。

仕事をする姿勢についてお話しします。

実は、

「座ったままデスクワークを続けていると、死亡率が高まる」

という事実を、あなたはご存じでしょうか。

アメリカの専門家が14年間にわたり、男女約12万人の調査を行なったところ、日常的に運動していても、1日に6時間座る生活を続けると、3時間しか座らない人に比べて、15年以内に死ぬ確率が40％増加することがわかったそうです。

おそらく1日6時間以上座ったまま、パソコンに向かって作業しているという人も多いのではないでしょうか。

また、デスクワーク中心の仕事をしている人は、立ち仕事の人に比べて、心臓病になる確率も2倍とのこと。

座ったまま仕事を続けるというのは、実は、立ち仕事以上に体に負担がかかるものなのです。

では、この問題を解消するためには、いったいどうすればいいでしょうか。

そこで私がオススメしたいのは、**立ったまま仕事をすること**です。

これはいわゆる「スタンディングデスク」と呼ばれる方法で、最近ではシリコンバレーなどでも実践する人が増えているそうです。

実は、立ったまま仕事をすると、座って仕事をするときよりも体に負担がかからないだけでなく、集中力を高めることもできます。

なぜ、立ったまま仕事をしたほうが、集中力が高まるのでしょうか。

それは、姿勢や足裏と密接に関係があります。

まず姿勢に関してですが、座ったまま仕事をしていると、自然と体が前かがみになり、猫背になってしまいがちです。

スタンディングデスクには、これを防ぐ効果があります。

姿勢がいいと鼻呼吸になり、より集中力が高まることは、前にご説明させていただいた通りです。

次に足裏に関してですが、立って足裏を刺激することで、脳を活性化させることができます。脳が活性化すれば、頭の回転が速くなり、目の前の課題により集中することが可能になります。

最近では、焼き肉などでも、立ちながら食べるお店が増えてきていますが、これも、実は集中力と関係があります。

立って食べることで、無意識に「目の前の皿を早く片づけよう」という集中力が高まるため、結果として回転率が上がり、お店の利益になるのです。

この方法は、複数の人が働いているオフィスで実践するのは、なかなか難しいかもしれません。

ですが、立ったまま仕事をすることには、明らかに集中を高める効果がありますから、ぜひ一度行なってみてください。

「やることを細かく分解していく」という王道も忘れない！

さて、私は目標設定をあまりしないというお話を前にしました。大きな目標を立てても、今に集中できなければ、結果は得られません。

そこで、目標を意識しながら物事に向かうのではなく、**「目の前の小さなやるべきことに目を向けて集中する大切さ」**を最後にお話ししておこうと思います。

王道のテクニックではありますが、本書の最後のテクニックとして、忘れないでいただきたいことです。

40歳でシングルファザーとなった私は、朝、登校前の小学校2年生と1年生の娘2人に、ご飯を食べさせなければなりませんでした。

ところが、そのとき、困った事態に直面します。

「ほら、ご飯を食べなさい」
「イヤ、食べたくない」
「いいから、食べなさい！」
「イヤ！」

2人の娘が、なかなかご飯を食べてくれないのです。

そのとき、家の片隅に置いてあった「たこ焼き器」が、ふと目に入りました。

「これは使えるかもしれない」と思った私は、たこ焼き器にご飯をつめ、一口サイズのたこ焼きの形にし、娘たちに出してみました。

すると、娘たちは「もうこれ以上、食べなくていいよ」というぐらい、ほっぺたいっぱいにつめ込み、ご飯を食べ始めました。

お茶碗にご飯を盛って、「食べなさい」と言っても、食べない。そこで、たこ焼き器に入れて、一口で食べられるように小さくしたことが、功を奏したのです。

一口食べさえすれば、「もう一口食べたい」となります。

そして結果として、お茶碗1杯分のご飯を、きれいに平らげることができるのです。

実は、この原理は、あなたの集中にも応用できます。

たとえば、あなたが「司法書士試験に合格したい」と思っているとしましょう。

どんぶり一杯のご飯を一気に平らげることができないのと同様、いきなり「司法書士になる」というようなことを達成することはできません。

どんぶり飯を完食するために大切なのは、目の前の一口に集中して、一口ずつ丁寧に食べることです。

これと同様、「司法書士になりたい」という夢を叶えるために必要なのは、その目標を一口ずつ細切れにして、「日々やる課題」に落とし込むことです。

そして、その課題に集中し、ひとつずつ丁寧にやることが、結果として、「司法書士になる」という大きな結果を得ることにつながるのです。

「目標を立てたほうがうまくいくタイプ」がいる一方、「目標を立てるとうまくいかなくなるタイプ」の人もいます。

しかし、私を含めた「今を大切にする価値観の人」「ストイックではない人」は、目標を立てることで、逆に集中力が削がれてしまうでしょう。

目標を立てること自体が悪いと言っているのではありません。目標を意識して集中しようとするのではなく、**小さなやるべきことを意識して集中する**ということをやってみてください。

本書では、誰にでも簡単にできるという点に注目しながら「すぐ集中力を高める方法」をご紹介してきました。

いずれにしても、一番大切なのは、目の前の課題にいかに集中するかです。

いかにして、集中すればいいのか。

そのテクニックについて、主に「リラックス法」「集中力を高める技術」「日々の習慣」に分けて、10年間培ってきた私のノウハウを、本書で余すところなくご紹介しました。

ぜひ、自分のタイプに合わせた集中法を実践して、本来の集中力を発揮していただき、欲しい結果を得ていただければ幸いです。

おわりに

「う〜ん、困ったな〜。さあ、どうしよう」

これは、ミズノ株式会社を退社し、学習塾を開業した初日の授業の感想です。

この日の授業は、私が思い描いていたイメージとは全く異なり、子供たちがなかなか授業に集中してくれませんでした。

生徒たちは、姿勢を保てず机に伏せてしまったり、ホワイトボードを見てはいるものの意識は違うところにある、といった感じでした。

そこで、まずは集中するコツを指導することが必要だと考え、スポーツメンタル、脳科学などを学び始めました。さらに、ミズノ時代に関わってきた一流アスリートが実践している集中法を私なりに体系化していきました。

今では、そんな中で開発した「集中の技術」を、全国の企業や学校、スポーツチームなどでお伝えさせていただいています。

今回の本では、特に「机に向かってすぐに集中する技術」に的をしぼって、子供から大人まで誰でも実践できるように、わかりやすくまとめることを心がけました。

　企業への講演や研修を行ないながらよく感じていることは、年々、職種に関係なくひとり当たりの業務量が増え、心身のストレスによって疲労感で押しつぶされそうな人が多いことです。

　世の中には、「時間管理」をテーマにした書籍や雑誌やセミナーが数多く見られるようになりましたが、ビジネスの現場では、急な業務依頼や電話など、時間を管理することはなかなか困難です。

　また、情報過多の時代になり、子供や受験生、一般の人々にとっても時間はいくらあっても足りない状況です。

　私は、自分自身でコントロールできる「集中力の管理」がこれからの時代、ますます重要になってくると考えています。

　1日の中で最もボリュームがある「机に向かっている時間」。スムーズに集中状態に入り、短時間で成果を出していただくために、この本を上梓《じょうし》させていただきました。

　本書の中から、実践しやすい内容を選び、効果を体感していただけたら幸いです。

　特に、付録の「集中カード」は、日々携帯し、机に向かって集中したいときに使い、ルーティン化して、高い集中力で「今からやるべきこと」を開始してください。

　本書を出版することができたのは、ご縁をいただきました皆様のおかげです。

今回の企画をご提案いただき、最後まで編集にご尽力いただいた森下裕士様、その編集にご協力いただいた大平淳様、集中力の道へ導いてくださった長谷川一彌先生、講演講師のステージをつくっていただいた角田識之先生。

全国各地で集中力講座を開催し、活躍している日本集中力育成協会認定トレーナーの皆様、アンケートの掲載を快諾いただいた皆様に心からの感謝を申し上げます。

そして、この10年間、私の講演、研修、セミナーを受講し、日々実践し成果報告をいただいている全国の皆様の励ましがあったからこそ、本書を出版することができました。本当にありがとうございました。

最後に、人生とビジネスの最強のパートナーである妻。いつも明るく笑顔で皆様から愛されている長女。世界中のテーマパークで働く夢のために勉学に励む次女。故郷長崎でひとりで暮らす最愛の母に本書を捧げます。

「集中力ルーティン」によって、あなたの人生の「金メダル」獲得をお祈りしております。

Let's play your life with smile !

著者

【著者プロフィール】

森　健次朗（もり・けんじろう）

株式会社集中力代表取締役。一般社団法人日本集中力育成協会代表理事。ミズノ株式会社社員時代、オリンピック競技ウエア（陸上、水泳）の日本及び世界各国の開発を担当。シドニーオリンピックで12個の世界新記録を生み、注目を浴びた「サメ肌水着」世界特許の発明者。

独立後、学習塾「元気塾」を開業し、小中高校生の受験指導に8年間従事。

現在は、スポーツメンタル、脳科学、解剖学、関わってきた一流アスリートから学んだことなどを基に、ビジネスや学習で活かせる「リラックス法」「集中法」を体系化し、全国の企業、学校、スポーツチームを中心に、講演や研修、ワークショップを実施。

10年間で、小学生からアスリート、会社員、経営者まで約15万人に指導。多くの受講者から「楽しく、ためになり、即実践できる」と好評を博す。さらに、本書にも紹介されている体感型の「集中力発揮法」を伝える講師を育成する協会を設立し、九州から北海道まで全国各地の認定トレーナーが「集中力講座」を開催し活躍している。また、2014年には、ニューヨークでも「集中力講座」を実施、海外でも注目を浴びている。

毎週金曜日11:30から30分間、インターネットラジオFMGIGにてモリケンの「人生の金メダルラジオ」を放送中。

株式会社集中力 ホームページ　http://syutyuryoku.jp/

机に向かってすぐに集中する技術

2016年 3月 1日　初版発行
2021年12月28日　6刷発行

著　者　森　健次朗
発行者　太田　宏
発行所　フォレスト出版株式会社
〒162-0824　東京都新宿区揚場町2-18　白宝ビル5F
電話　03-5229-5750（営業）
03-5229-5757（編集）
URL　http://www.forestpub.co.jp

印刷・製本　中央精版印刷株式会社

ISBN 978-4-89451-701-1　Printed in Japan